畅行在
音乐的世界里

——音乐教学漫谈

张春嵘 著

中国书籍出版社
China Book Press

图书在版编目(CIP)数据

畅行在音乐的世界里：音乐教学漫谈 / 张春嵘著.
-- 北京：中国书籍出版社，2022.3
ISBN 978-7-5068-8925-4

Ⅰ.①畅… Ⅱ.①张… Ⅲ.①音乐课-教学研究-小
学 Ⅳ.①G623.712

中国版本图书馆 CIP 数据核字（2022）第 017784 号

畅行在音乐的世界里——音乐教学漫谈

张春嵘　著

责任编辑　杨铠瑞
责任印制　孙马飞　马　芝
出版发行　中国书籍出版社
地　　址　北京市丰台区三路居路 97 号（邮编：100073）
电　　话　（010）52257143（总编室）　（010）52257140（发行部）
电子邮箱　co@chinabp.com.cn
经　　销　全国新华书店
印　　刷　长沙市精宏印务有限公司
开　　本　880 毫米×1230 毫米　　1/32
字　　数　154 千字
印　　张　8
版　　次　2022 年 3 月第 1 版
印　　次　2022 年 3 月第 1 次印刷
书　　号　ISBN 978-7-5068-8925-4
定　　价　68.00 元

写在前面的话。

　　拿到张春嵘老师沉甸甸的书稿，心中的敬意油然而生，这么一位小小的小学音乐教师，做着一件大大的、了不起的事情——书写快意音乐人生！记录音乐教学点滴，享受教书育人过程，收获满满！

　　张春嵘是一位醉心音乐教学，有想法有能力的老师。在武汉市小学音乐教研中心组中，她是个"好奇宝宝""问题大王"，无私分享自己的做法，为同伴提供意见和思考。她积极参与教研，针对自己的教学实际，不断改进教学方式方法，取长补短。她能够站在学生角度思考问题、设计教学环节，真正把音乐课堂做到学生心里。在东西湖区，她积极配合区教研员，发挥以点带面作用。作为学科带头人，她引领区内年轻教师研读课标，指导他们开展区内教研，帮助他们不断进步。在学校，她协调组内工作，高效完成各项任务，是学生、家长信任的好老师。

　　在书中，张老师把自己的教学工作进行仔细回顾、梳理，结合日常所思所想，直面教育教学困境，提出问题，提炼思路，探讨解决办法。本书既可当作初任教师的入门级教学手册，也可作为进阶级实践教程使用。

2020 年 10 月 15 日，中共中央办公厅、国务院办公厅联合颁发了《关于全面加强和改进新时代学校美育工作的意见》，充分表明党中央国务院对学校美育工作的高度重视，作为美育教育重要组成部分的音乐教育迎来了美育发展新时代！学生需要专心育人的好课堂，而好课堂更需要充满情怀的好老师！面对新机遇，新挑战，新要求，我们期待更多像张春嵘一样的音乐教师积极开展教育教学研究，在实践中发挥主观能动性，求真务实，为孩子们创设充满生活气息、接地气的音乐情境，采取生动活泼、孩子们喜闻乐见的方式并注重教学体验，打造绿色生态的音乐课堂，全面推进新时代学校美育改革发展。

让我们携手，一起做有温度、有高度、有深度的音乐教师！

武汉市教育科学研究院　胡晓燕

2021 年 6 月

目录。

第一章

音 | 乐 | 与 | 教 | 育

　　"音乐"和"教育"，这二者应当把它们综和起来作为一个完整的对象加以研究。音乐教育属于艺术教育的范畴，艺术教育本就与一般社科教育不同，有着它独一无二的特殊性。

　　追溯东方和西方的古代音乐教育，都非常重视广义的"乐"，孔子曾说："兴于诗，立于礼，成于乐"；荀子也这样界定音乐的作用："乐者，圣人之所乐也，而可以善民心，其感人深，其移风易俗，故先王导之礼乐而民和睦。"西方自古希腊起，以柏拉图为代表的思想家把教育作为国家建设的基础，而音乐则作为教育的基础，由此得出精辟的结论："整个教育基于音乐。"歌德也在其教育小说《威廉·迈斯特的漫游年代》中将音乐作为一切教育的出发点，古希腊创建的音乐德学和古中国儒家的"礼乐"思想有着许多共同点，如重视音乐的德育，把音乐主要当作教育的手段而不是目的等。然而，许多人至今还看不透(或至少不确信)音乐教育在学校教育中的实际力量到底有多大，以至于不肯、不愿或不敢把音乐教育放在重要的位置进行广泛的推广。

第一节　音乐的教育力量

我们一起来看看下面这个事例，在这个事例中，我们能看到音乐教育的强大力量。

1988 年，国际教育成就评估协会（International Association for the Evaluation of Educational Achievement）在全世界进行了一次测试，来评估 14 岁孩子的科学水平。当时一共有 17 个国家参与了测试，美国只取得了第 14 名，这样的结果让美国人很郁闷，因为美国在数学和科学方面的经费支出比世界上其他国家高出 29 倍。

在这次测试中，位居前 3 名的国家分别是匈牙利、日本和荷兰。经过对比和分析得知，这些国家胜出的原因：音乐和艺术的训练！这些是其他国家所没有的。从幼儿园到高中，音乐训练一直是他们基础课程的一部分。

匈牙利的学校开展音乐课教育已有 1100 多年的历史。他们的音乐课程广博而精细，因为匈牙利人认为音乐是孩子教育的灵魂与核心。匈牙利有两种学校，即常规学校和音乐学校。在常规学校里，学生们一周上两次音乐课，每周进行一次合唱排练。还有音乐小学，学生们在入学之前要进行音乐能力的测试。在音乐小学里，每天都有音乐课，学生们有机会学习一种乐器。音乐课程同样包括听力、即兴创作、识谱作曲、记忆课以及和声课。另外，布达佩斯还有许多优秀的音乐学院和私立音乐学校，接收那些公立学校培养出来的颇有音乐天赋的儿童。在这些学校里，学生们接受进一步的训练，包括视唱练耳、交响乐、室内乐、听力训练、识谱作曲、演奏某些打击乐器等。

匈牙利的教育工作者们坚信，音乐与数学、自然科学有着直接的内在联系。他们相信，音乐对孩子们的逻辑性和批判性思维有所帮助，学习音乐的过程能够发展完整人格。

日本人也认识到将音乐列入教学内容的价值，并通过研究匈牙利的音乐教育制度来改善自己的课程安排，并取得了一定的成果。他们认为匈牙利人是该领域的专家，因而访问了匈牙利，以便更加详细地了解其音乐课程。

荷兰的学校也有音乐和艺术课程。1968年，艺术和音乐成为荷兰初中的必修课。1976年，艺术成为考试的重要内容，甚至决定学生是否有资格升入大学。1994—1995年，荷兰举办了第三届国际数学和科学教育成就研究活动（Third International Mathematics and Science Study，简称TIMSS），成为最广泛的跨国学术研究活动。其中，荷兰的大学四年级学生取得了数学类第一名，自然科学类第二名，这呈现出音乐与数学、自然科学的紧密联系。

第二节　音乐教育的双重目的

中文的"乐"字有两层含义：音乐与快乐，尽管这同一个字有两种不同的读音。按字义渊源学考据，这个古字"樂"的下方是"木"，上方两侧的"幺"指丝（弦），即意为在一块木上张着弦，从而在这乐器上奏出音乐，使人快乐。这说明，在中国古人心目中，音乐和欢乐是关联在一起的。即音乐既有教育的功能，也有娱乐的功能。音乐教育在"寓教于乐"的同时，也要"寓乐于教"。

世界上许多著名的音乐教育体系虽然产生于不同国家、不同文化背景与历史，在教育内容、教学形式与方法上各有特点，但是在对音乐教育本质的认识上却是一致的，他们都明确地提出了音乐教育的目的是对人的培养和塑造，是为了人的发展，为了造就优良的社会公民。

德国音乐教育家奥尔夫认为，音乐教育是人的教育。在音乐教育中，音乐只是手段，教育人、培养人才是目的。音乐是人类思想情感的最自然本性的表达，人人都有潜在的音乐本能，因此，音乐教育应该面向所有的人。音乐教育的首要任务是为众多的、将来不是音乐家的孩子着想，鼓励、帮助孩子们成为积极的、具有一定音乐能力的音乐爱好者，使他们从音乐中享受到喜悦、乐趣，也为他们向音乐的高深方面发展打下良好的基础。理论家维尔纳·托马斯的研究认为："奥尔夫的思想是建立在人类学的基础上，并以儿童的自然特点和生理特点为出发点，自我运动、自我游戏、说话和发出乐音，都是未成年人对自己定位和世界定位的原始表现，同时也帮助他们获得了社会交际的最初经验。"在奥尔夫的教育思想中，音乐是使人获得情感宣泄的手段、渠道。特别是孩子们对音乐具有本能的反应，音乐就是儿童的生活，音乐教育最终关注的不是音乐，而是精神的探讨。

匈牙利音乐教育家柯达伊认为音乐和人的生命本体有着密切关系，人的生命中不能没有音乐，没有音乐就没有完满的人生。音乐是人的心灵表现，音乐满足人在精神上的需要，是每天生活的有机部分。因此，他提出"让音乐属于每一个人"的哲学思想。柯达伊指出，好的音乐教育不但能够极大地提高学生的音乐能力，而且能够促进学生其他学科的发展，促进儿童智力和情感的平衡、健康成长。这样培养出来的儿童，精神生活是丰富的，不管他将来从事何种职业，都会成为一个比音乐上无知的人更有用的社会成员。音乐教育的重要性甚至超过了音乐的本身，培养音乐的听众就是在培养一个社会。

瑞士音乐教育家达尔克罗兹的教育观念认为，每个人都有与生俱来的音乐天赋，而学习音乐的能力、能否有成就则不是与生俱来的，它依赖于生长的环境、接触音乐的程度，要通过后天的学习、教育获得。因此首先要为孩子们创设轻松、和谐的学习环境。音乐教育应该达及人的感觉、影响人的精神。教师要充分认识到，他们面对的不是单纯的音乐课程的教学，而是对人的培养。音乐教育不是音乐表演，不是少数人的事情，不是追求娴熟技巧的活动，而是创造机会让所有的孩子都能亲身参与、充分表现。

日本音乐教育家铃木镇一提出的"才能教育"的根本目的是要把孩子培养成优秀的人。他说："教音乐不是我的主要目的，我想造就出良好的公民。如果一个儿童从降生之日起就听美好的音乐并自己学着演奏，就可以培养他的敏感、遵守纪律和忍耐的性格，使他获得一颗美好的心。"他认为在音乐的潜移默化的影响下，能够培养儿童高尚的人格。

一切音乐教育与教学归根到底是一种塑造——通过音乐对人进行培养与塑造。东西方都强调音乐对人的教育作用，尤其是德育，这有着重大的意义。可是如果只停留于此，只看到这一个层次，不仅是不全面的，而且也难以真正实现这一塑造人的目的。人们把音乐当成一种手段去进行教育的同时，忽略了其另一使命，即通过教育走向音乐、掌握音乐，因为音乐教育有着双重的目的：既通过音乐去接受教育，也通过教育去掌握音乐。作为音乐教育工作者，尤其是一线的音乐教师，一定要用正确的、科学的、富于时代精神的教育观念来指导教学，研究表明，教师的教育观念对他们的教育态度和教育行为有显著的影响，也就是说，教师的教育教学行为是在教育观念的背景下展开的。不同的思想支配不同的行为，有什么样的教育观念就有什么样的教育行为。所以我们要清楚地认识到，音乐既是一种手段——通过它去教育人，同时它也是一个目的——通过教育使人去掌握音乐。只有把它首先当作目的，去尽可能完整地掌握它之后，才可能充分发挥它作为手段的功能。

德国音乐家亨德尔说："假如我的音乐只能使人愉快，我很遗憾，我的目的是使人高尚起来。"因此，笔者认为音乐不仅是单纯为了娱乐，而更重要的一点就是要通过音乐来完善人的生命，其德育功能是其他学科所不可替代的。美好的音乐本身就具有强大的育人功能，我们音乐学科的三维教学目标，情感态度价值观目标是放在首要位置的，第二个是过程与方法目标，第三个才是知识与技能目标，很多其他的学科都是把知识与技能目标放在三维教学目标的第一位。

音乐是一种艺术化的情感表达，音乐的速度、力度、节奏、音色、和声的各种变化，非常贴合人类感情上的喜、怒、哀、乐的复杂的情感变化，帮助人们在音乐中进行情感体验并产生强烈的情感共鸣。在音乐教学中，教师可以根据不同的教学内容，采取不同的方法，注重情理动人，激发学生的情感，进行德育教育，让学生在潜移默化中受到感染和鞭策。在这个过程中，音乐教师要努力地唤醒并激活学生潜能和本性，启动学生持久的德育内需，把"要我进步"转变成"我要进步"。

小学音乐教材是以单元的形式来安排教学内容，每个单元都有一个主题，整个单元的教学内容都是围绕这个主题来安排音乐作品的。在教师用书上，每个单元的编写意图的第一条就渗透了德育的思想和理念。例如《好伙伴》的编写意图是这样写的：本课安排了聆听《同伴进行曲》《我和你》，演唱《原谅我》《噢！苏珊娜》四首作品，反映的是培养伙伴之间珍贵的友谊。欢快、热情的音乐体现了好朋友之间的互相包容、互帮互助、团结友爱的精神。再如《妈妈的歌》的编写意图是这样写的：母爱始终是人类永恒的主题。本课五首作品都是表现这一类主题的歌曲。通过聆听和演唱这一组歌曲，让学生体会妈妈对孩子无私的爱以及孩子对母亲的怀念、感激之情，激发学生爱妈妈、爱长辈、爱祖国的感情。

多年的教学实践证明：在音乐教学过程中，用创设音乐情境的教学方式代入，是最能够唤起学生心底情感的。创设情境的方式有很多，如运用多媒体的视听、运用语言艺术的描绘、师生的实践活动、课堂中的问题情境等。

如二年级的唱歌课《一对好朋友》，这首歌曲的情感目标是体会珍贵的友情。人的情感来源于生活，而情感的获得是在一定的情境中产生的，教师这节课运用生活中的情境，适当地利用多媒体，渲染情境气氛，使学生产生相应的情感效应。在开课时，教师和学生用一种节奏进行自我介绍，介绍完后，互相握手成为朋友。教师带着新交的朋友们去郊游，这时多媒体出现的画面是蓝天白云、小鸟歌唱、山谷葱茏的大自然景色，《一对好朋友》的音乐也随之响起，学生欢快、活泼的情绪一下子被激发，情不自禁地和教师一起随乐律动，歌曲中的好朋友小鸭和小牛的节奏是难点节奏，让学生分别扮演小鸭和小牛，通过找朋友的游戏情境练习这个难点节奏，小鸭和小牛的节奏如果合上了就能成为好朋友，并且可以选择坐在一起，有些节奏感不是很好的学生在试了好几遍后，终于找到了好朋友，激动地和好朋友拥抱在一起。在最后的创编歌词的环节，教师采访了学生还有哪些好朋友，并和大家分享和好朋友之间的趣事。

孩子们把这些全部创编成歌词唱出来，歌声亲切、自然；情绪欢快、活泼，教师在学生情感体验达到最高潮时，来了个"推波助澜"，"拉勾拉勾一百年不许变，愿我们的友谊天长地久"，《拉勾勾》的音乐响起，好朋友之间的小拇指勾在一起，动情地唱起来："金勾勾，银勾勾，小小指头勾一勾；金勾勾，银勾勾，我们都是好朋友……"

情在境中，以境育人，情境中的音乐、语言、画面效果大大地刺激了学生的感官，产生并强化了情感体验，在这个过程中，学生已经种下了友谊的种子，学生的情感得到升华，很好地渗透了德育教育，其效果是不言而喻的。

现在，大多数学生都是独生子女，个性鲜明，以自我为中心，缺乏群体意识与合作精神，不懂交往，有些甚至大学毕业后还难以融入社会。在实践中发现：学校的合唱活动能使学生的性格得到良好的发展，学生会有很强的参与感，成为团队中的一分子，并充分了解、感受团队的凝聚力，有助于培养学生的合作精神和集体意识，最终达到人格的感化。

《全日制义务教育音乐课程标准》中指出："要重视和加强合唱教学，使学生感受多声部音乐丰富的表现力，尽早建立与他人合作演出的经验，培养群体意识及协作、合作能力，使他们在歌唱表现中享受到美的愉悦，受到美的熏陶。"合唱活动是多人声之间的相互配合，相互协作的一种集体活动。是用合唱队员各声部的和谐演唱，来创造整体音响，表达思想感情，塑造音乐形象的一种艺术形式。

德育与快乐并不冲突，音乐与道德良知原本就存在于人类生活本身。如果潜下心来认真研究德育，我们会发现德育隐藏于万事万物之中，只是我们没有寻找更好的方法与途径而已。在笔者看来，音乐作为人类情感的重要表现媒介，足以承担德育教育的重要使命，我们愿意让德育流淌于每一个动人的音符间。

第三节　学校音乐教育的特征

教育部颁布的《全日制义务教育音乐课程标准》根据音乐的特性，确立了新世纪新的音乐教育观。它不再以传授音乐知识、音乐技能为主要目的，代之以情感教育、审美教育为核心，在音乐创作、表演、欣赏等教学活动中，培养学生的创新精神和实践能力，学会与人合作共处，在音乐教学过程中享受创造的乐趣，体验成功的快乐。

学校音乐教育是国民音乐教育的一部分，不是专业的音乐教育，不应当也不可能像音乐专业学习那样去要求，但是也不能以此作为借口，从根本上降低了中小学音乐教育的要求。我们应该遵循学校音乐学科的教学规律，结合教学目标、教学内容、教学方式，"还"音乐教育之"本"，所以音乐教育工作者必须重视学校音乐教育的特征。

学校音乐教育的主要特征大致为：

第一，基础性。中小学音乐教师要正确理解音乐教育的基础性。首先，传统意义上的基础知识和基本技能已不再是中小学音乐教育基础性的全部或主要内涵，单一的教唱歌、学生被动的学等缺乏艺术课个性的学习方式，完全谈不上培养对音乐的兴趣与爱好，更不可能去欣赏音乐、感受其美。

其次，把基础音乐教育当成专业音乐教学，强化识谱、乐理等知识技能训练。并通过淘汰大多数来选择少数音乐人才，使多数学生丧失音乐学习的自信心，严重影响学生对音乐的兴趣和爱好。中小学音乐教育是培养学生热爱音乐，对音乐产生浓厚的兴趣，并奠定学生在音乐方面的可持续发展的基础，这是音乐教育的要义所在。音乐教育要面向全体学生，一切音乐教学内容和活动都是以发展学生对音乐的感知、审美愉悦、音乐欣赏力和表现力，奠定终身学习音乐、喜爱音乐为出发点，维护学生在音乐学习方面的自尊心与自信心，让每一个学生都能体验到学习音乐的成功和快乐。

第二，情感性。情感是人对客观现实所做出的是否符合自己需要的一种心理反应。在艺术教育中，对审美对象的感知就是情感活动的基础。富有情感是美感最重要的特征，审美对象能否唤起审美主体的情感则是判断作品审美价值和艺术教育成败的重要标志之一。因此，情感在艺术教育中占有重要的地位。

音乐是长于抒情的艺术。它是对人类情感的直接模拟和升华。其教育功能是通过情绪感染和情感共鸣为途径才能实现的。人们可以从音乐的审美过程中，通过情感的抒发和感受，产生认识和道德的力量。音乐的主要内容是对现实生活主观感受的思想情感表达。这种情感既不是纯生理性的喜怒哀乐，也不是纯个人的自我表现，而是具有社会性的、有思想倾向性的。

音乐教育作为美育的一个组成部分。它所培养的审美情感是一种高级的情感。由于音乐教育手段中的音乐感知和感情体验的关系，比其他艺术教育中的这种关系更加直接密切。因此，音乐所表现的内容，更容易在情感上为人所接受。音乐教育这种以情动人的特质，应该贯穿于整个音乐教学的过程。例如在歌唱、器乐、欣赏等教学中都应该强调艺术性和思想性的统一，从而使其富有强烈的艺术感染力。在教学方法上，应该根据学生的身心特点，以多种生动活泼的教法来激发学生的情感（首先是审美情感），调动他们参与学习音乐的强烈愿望。

第三，创造性。创造性是一切艺术的生命源泉。黑格尔说："最杰出的艺术本领是想象。"无穷的想象会给人们带来无穷的智慧与创造力。音乐的非语义性与不确定性为人们的想象与联想提供了广阔的空间，为创造性音乐思维活动奠定了基础。音乐教育创造性特征决定了教师教学必须充满创造性，墨守成规是绝对行不通的，学生创造精神的培养，首先需要一种创造性运用学习，而创新音乐教育方式，才能更好地培养和发展学生的创造力。在音乐教学中，音乐教育内容、方法创新应从学生学习兴趣、能力及需要出发，结合学生生活经验，遵循学生心理及审美认知规律进行。教学中营造一种民主、和谐、生动、活泼、师生共融的学习氛围，尊重学生对音乐的不同体验与独立思考，引导、启发学生不断探求新知，在宽松、融洽的环境中，发展学生思维，培养学生创新意识与能力。

第四，技艺性。一直以来，人们对中小学音乐教育有一种错误的认识和观念。似乎"非专业"的中小学音乐教育只应并只能停留在一般业余式的、"小儿科"的音乐水平。殊不知，音乐教育作为一种审美教育，它不能停留在纯知识传授阶段，感受音乐、鉴赏音乐和表现音乐都必须以掌握一定的技能技巧为基础。任何形式、任何层次的音乐教育都会为了欣赏音乐、表现音乐、创作音乐，而进行一系列的技术方面的知识传授和技能训练，离开了必要的技能训练，它所肩负的美育任务就很难完成。例如中小学音乐教学中就包含有声乐器乐表演技巧、识谱能力、音乐听觉能力等技术方面的具体要求。至于音乐欣赏、音乐创作，也同样是要在具备"音乐的耳朵"的前提下才能更好地进行，而"音乐的耳朵"的培养正是以各种形式的听觉训练为前提，以多方面音乐知识和技能为基础的。因此，从整体上来看，音乐教育是一门技术性相当强的学科。

由于音乐是一门艺术，任何音乐上的技术都是一种表现手段，都是为一定的内容和形式服务的。脱离美感表现的技术训练必然是缺乏审美意义的纯技术操作。这种纯技术训练违反了音乐的特殊规律，也无法实现美育任务。因此，音乐教育中所进行的技术训练是一种"艺术性的技术"，同时也是一种音乐表现能力的培养。这种艺术技能的属性，既有助于完善音乐的品格，又可以实现审美教育的目的。

当然，音乐教育的技艺性必须通过音乐实践的环节才能体现和完成。如果离开了音乐艺术实践，音乐教育的技艺性就落空了，美育的任务也无法完成。

第五，实践性。音乐教育是实践性非常鲜明的艺术教育，整个教学过程与教学实践紧密相连，不可分割。音乐教学内容无论哪一项都离不开实践活动，一切纸上谈兵都与音乐教学无缘。《音乐课程标准》也指出："音乐课程的教学过程就是音乐的艺术实践过程，因此，在所有的音乐教学活动中，都应该重视艺术实践，将其作为学生获得音乐审美体验和学习音乐知识与技能的基本途径。"让学生最大限度积极主动地参与音乐实践活动，在活动中体验、表现、创造音乐，让音乐伴随学生快乐成长。

第四节　音乐教育观

所谓"观"，是指"对某类事物的根本看法和态度"。音乐教育观即对音乐教育的根本看法和态度。这个看起来纯属理论层面的问题，却时时处处左右着与之相关的一切音乐实践活动。经过多年的音乐教育改革，我们的音乐教育思想和观念都发生了很多变化，也创造了许多行之有效的教学方法，取得了一定的成绩。纵观目前的中小学音乐教育，有两种教育现象仍然普遍存在，一种是专业化的音乐教育，一种是教育化的音乐教育。专业化的音乐教育偏重于技能训练，持这种观点的教师认为，音乐是门技术性很强的学科，没有相应的技能怎么去表现音乐，基于这种观点和理念，对学生进行专业化的训练，最后的结果成了"精英教育"，为了展示音乐教育的成果而放弃了大多数学生。另一种现象是教育化的音乐教育，持这种观点的教师在教学过程中，过多地使用语言来解释音乐，而不是通过音乐本体去学习音乐，并把音乐教育和德育等同起来，认为每一首音乐作品都应该进行德育教育，过分地强调了音乐的教育功能。

上述现象的产生是由于不能正确认识音乐学科的性质和音乐教育的特点，没有树立正确的音乐教育观所致。每个基础音乐教育的工作者，必须要具备科学的音乐教育观，并以此为基点，去思考、判断有关的教育现象，进而指导自己的音乐教育教学。

一、音乐教育的目标观

教育部《义务教育音乐课程标准》(2011版)指出："学生通过音乐课程学习和参与丰富多样的艺术实践活动，探究、发现、领略音乐的艺术魅力，培养学生对音乐的持久兴趣，涵养美感，和谐身心，陶冶情操，健全人格。学习并掌握必要的音乐基础知识和基本技能，拓展文化视野，发展音乐听觉与欣赏能力、表现能力和创造能力，形成基本的音乐素养。丰富情感体验，培养良好的审美情趣和积极乐观的生活态度，促进身心的健康发展。"我们从以上音乐课程的总目标可以看出，基础的音乐教育绝不是专业的教育，音乐教育工作者一定要树立正确的音乐教育目标观：既通过音乐去实施教育，也通过教育去帮助学生掌握音乐。从而使学生在音乐教育中得到全面的素质培养。

二、音乐教育的民族观

音乐教学首先要继承和发扬民族音乐文化，经典的传统音乐、丰富多彩的民歌、具有浓厚地方色彩的戏曲、曲艺音乐等都是音乐学习的重要内容。这些音乐反映了中华民族悠久的历史和民族精神，是培养学生热爱祖国的有效途径。可是，纵观各级各类的音乐教学对中国传统音乐的继承与发展还非常不够，对这个问题有些外国专家都十分关心。美国学者雷默在访问一所音乐学院时，问一位青年小提琴家："你为什么不拉二胡，而要拉小提琴。"他回答："靠拉二胡，我永远也不能成为国际知名的音乐家。"在听到一次戏曲彩排时，弦乐器的音响是靠电子扩音设备传送出来的。雷默问导演为什么要这样做，他回答："年轻人对中国传统戏曲不感兴趣，我们以为这样会使音乐显得现代一些。"我们的音乐家、音乐教育家们对这种传统音乐被"现代化"的趋势削弱表示了担心。雷默先生对这种担心深感同情。[①]无独有偶，还有一位外国专家在参观某音乐学院后甚至为我们敲起了警钟，他说："我看到你们的现行音乐教育正在扼杀你们自己的传统文化[②]，问题的严重性可想而知。"

著名的匈牙利作曲家和音乐教育家柯达伊说："学校的音乐应牢固地建立在民族音乐的基础上。""儿童的音乐教育首先应该用更纯洁的、真正的本土音乐作为重要材料。"在新世纪的世界教育改革潮流中，民族文化作为培养学生素质的重要组成部分越来越引起各国教育领域的高度重视，寻求本土文化资源成为各国谋求生存、促进发展的基本国策，民族音

①雷默.音乐教育的哲学［M］.北京：人民音乐出版社，2003：10.

②赵志扬.我国少数民族地区的专业音乐教育将如何迈向新的世纪［J］.云南艺术学院学报.1997（10）.

乐文化传统在这样的背景下也被提到了作为本土文化重要资源的高度。重视本民族音乐文化传承已经成为国际音乐教育发展的重要趋势。如印度很早就规定把民族音乐教育的重点放在中小学教育阶段；匈牙利音乐教育家柯达伊建立了极具匈牙利特色的音乐教育体系，成功地让匈牙利的音乐教育步入世界音乐教育的前列；日本、美国等国家，在他们的中小学音乐教材中，本土音乐所占的比例相当大。由此可见，各国对本国的传统文化都非常重视，都有让学生从小就了解本国优秀传统的意识。

习近平总书记指出："我们要坚持道路自信、理论自信、制度自信，最根本的还有一个文化自信。"坚持文化自信就是激发学生对中华优秀传统文化的历史自豪感，习近平总书记在北师大与师生交流时说，不赞成把古代经典诗词和散文从课本中去掉，"去中国化"是很悲哀的，应该把这些经典嵌在学生脑子里，成为中华民族文化的基因。我国的民族音乐是传统文化中不可缺少的重要内容，凝聚着中国人文情操和审美情趣，她记载了悠久的历史，坎坷的命运和顽强不屈的民族气节，这些独具的气质、精神和神韵的基因都隐含在其中，是中华文明血脉传承和延续的重要载体。

教育部颁布的《义务教育音乐新课程标准》指出："要善于将本地区民族民间音乐资源运用在音乐教学中，使学生从小就受到民族音乐文化的熏陶。"学校的音乐教育作为民族音乐文化传承的重要阵地，中小学加强民族音乐教育的研究是具有根基意义的工作，特别是小学教师对根基的教育应该有一种责任意识，在学生心中种下传统音乐的种子，使学生从小就对传统音乐产生浓厚的兴趣和感情，了解我国优秀的传统音乐，引导学生正确地去欣赏传统音乐，激发学生热爱祖国传统音乐文化的感情和民族自豪感。这是我们每位音乐教师义不容辞的责任，也是历史赋予我们的光荣使命。

三、音乐教育的综合观

我们当前的中小学音乐课程内容有四大领域，感受与欣赏、表现、创造音乐与相关文化。教学内容的拓宽，教育思想的深化，对音乐教师提出了更高的要求，不仅要有扎实的业务能力，还要有深厚的文化底蕴，更要有灵活智慧的组织能力。音乐不是一门孤立的艺术，它不仅同文学、戏剧、绘画等艺术形式有着密切的联系，还与历史、宗教、哲学等人文科学也有着密切的联系，和我们的生活也是息息相关的。也就是说，音乐与文化的各种形态都有着密切的关系，音乐是文化的一种形态和载体，它既是声音的艺术，又是情感的艺术；它可以表现人类社会的方方面面，又与文化有着密切的联系。因此，多元化的音乐教育必然是音乐教育的发展趋势。基于此，我们要建立起音乐教学的综合观来指导我们的教学工作。只是单纯地教授音乐知识和技能，已经不能适应新时代的教学要求了。正如国际音乐教育学会在《世界文化的音乐政策》一文中指出的："当音乐被置于社会的和文化的语境中并作为文化的一部分，它才能获得最佳的理解。"基于这样的观点，我们的音乐教学应该在学生原有认知、体验的基础上，更加关注音乐与文化的密切联系，以音乐为本，文化为源，把音乐与社会、艺术等人文内涵有机结合，根据文化塑造人的观点，通过文化的阐释升华音乐的意义，充分发挥音乐的各种功能，促进学生的全面发展。

第二章

唱 | 出 | 优 | 美 | 的 | 歌 | 声

我国《乐记》中记载："情动于中而形于言，言之不足，故嗟叹之；嗟叹之不足，故咏歌之……"中国古代的教育非常重视音乐，而在音乐教育中非常重视歌唱，历来把歌唱放在首位。古代的诗歌本身就是供人吟唱的，词曲二者往往从其产生起就密切结合、彼此难分。匈牙利音乐教育家柯达伊说："如果我们要用一句话来清楚地说明这一教育的精髓，那就只可能是：歌唱！"柯达伊在《音乐的读与写》一书的前言中写道："歌唱为音乐教育提供了最好的开端。"俄国哲学家车尔尼雪夫斯基说："歌唱实际上是一种悲欢的表现。"悲欢之情人皆有之：发之于声便是歌唱。又唱又跳是儿童的天性，歌唱教学正是顺应儿童的天性，成为音乐教育理想的途径之一。

歌唱教学在中小学音乐教育中占有重要的地位。良好的歌唱教学，对于实现音乐教育的整体目标，具有决定性的作用。人类本能的、最原始的音乐表现形式就是歌唱。歌唱也是儿童最易接受和最亲近的音乐表现形式，歌曲不仅具备节奏、旋律、和声等音乐之美，还综合着语言、文学、声韵等艺术之美，以及思想、意境等诸多美学价值。是最大众化、最具教育性和普及性的音乐艺术形式。它在学校美育中的重要地位和作用是其他艺术形式所不可替代的。歌唱教学对于学生思想、道德、情操、性格等方面的发展，具有潜移默化的影响，并在激发学生情感、拓展知识、发展想象能力和创造才能、促进身心健康成长等诸多方面，都具有显著的积极作用。

虽然现在的学校音乐教育呈现出多种多样、综合的趋势，但是唱歌教学的重要地位仍然受到肯定。世界各国的普通音乐教育都把唱歌作为一个重要的项目，即使在器乐教学领域里举世公认的德国音乐教育家奥尔夫，也把不唱歌的学校批评为"沉默无声的学校"。在学校歌唱教学这一领域里，至今取得卓越成就的，首推匈牙利模式的柯达伊体系，柯达伊说过："如果要用一个词来概括他的音乐教学体系，那就是'歌唱'。"

说起歌唱教学也许会显得老生常谈，但事实上要想做好却是十分困难的。如今的学校中基本上都开设有音乐课，并且很多学校配备有专职的音乐教师。以唱歌为主的音乐综合课在学校音乐教学中也占有相当重要的位置。笔者在众多的活动和比赛中却发现我们的唱歌教学还存在着很多的问题：很多孩子都习惯于张开口来就大声歌唱（即喊唱）；教师逐字逐句地教唱；歌唱中缺乏音准、节奏、情感的准确性……要学生歌唱很容易，但是训练他们能正确地、富于音乐性地歌唱却很难，针对这些问题，柯达伊的教学体系和奥尔夫教学体系在许多方面可以供我们学习，并帮助我们解决歌唱以及音乐学习中的许多问题。

第一节　节奏的学习

音乐构成的第一要素是节奏，而不是旋律。节奏可以脱离旋律存在，而旋律则不可能脱离节奏存在。任何旋律如果丧失了节奏就会面目全非，甚至不称其为旋律。节奏活动与孩子的生理、心理节律有着直接的联系，易于被感受和领会；它比较单纯，可以不用任何器具，可只用"人体乐器"（身体各部位）来表现，易于上手，使孩子参与音乐活动的技术难度降至最低。节奏练习不仅能培养学生敏锐的反应能力、自控能力和创造能力，还能培养学生敏锐的音乐感知能力，是增强音乐记忆力，提高歌唱水平和发展演唱技能的基础。所以，歌唱教学可从节奏入手，以节奏为先导，对学生坚持进行循序渐进的节奏练习，是歌唱教学的基本内容之一。

初期节奏型的教学可以参考如下顺序：

1. X　　X　　X　　X　　　　7. XX　X　　XX　X

2. X　　X　　XX　X　　　　　8. XX　X　　X　　X

3. X　　XX　X　　X　　　　　9. X　　XX　XX　X

4. XX　XX　X　　X　　　　　10. X　　0　　X　　0

5. XX　XX　XX　X　　　　　11. X　　X　　X　　0

6. XX　XX　XX　XX　　　　12. X　　XX　X　　0

一、看节奏

用图形来表示节奏是一种最简便、最实用的方法，学生也乐于接受。

在节奏的学习中，教师经常让学生组合成一些节奏队形，学生们觉得非常好玩，在不知不觉中学会了各种节奏型。

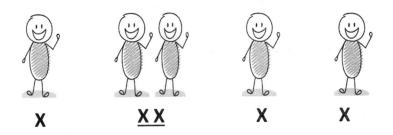

二、读节奏

在节奏学习中，我们不仅让学生从视觉上了解节奏，还要把节奏准确、清晰地读出来。有一点需要注意的是，在读节奏时，一定要让每个学生指着节奏读。

中国的大部分音乐教师最常用的是传统的"da da"来教学生读节奏，而匈牙利音乐教学中采用的是法国人艾米里－约瑟夫·契夫的节奏名称体系。这些常用的音符读法有：

四分音符：ta 八分音符：ti 二分音符：ta-a 十六分音符：ti-ri-ti-ri 全音符：ta-a-a-a 切分节奏：ti-ta-ti 附点节奏：ta-me-ti……

笔者在平时的教学中运用的就是这种音符读法，效果确实比"da da"好很多。究其原因，柯达伊节奏音节读法拥有其科学、简便的优点：

1. 这些有一定时值长短意义的声音对应节奏音节，突出了"音符""节奏时值长短"这两个抽象概念的音响特点，便于学生从感性上去体验、识别，帮助学生建立节奏感觉。如附点节奏用"da"去读，学生很少有读准的，因此，附点节奏经常会成为一个教学难点，特别是在复杂、密集的节奏进行中，单一地读"da"，只会让学生产生声音的疲倦感。那么，在柯达伊体系中，附点用"me"来读，时值长短被具体化，学生能够更准确地把握。

2. 不同的读音对应不同的节奏，与单一的"da da"相比，念起节奏来充满韵律感，尤其是进行多声部练习时，不同的声音交织在一起，可以更好地表现出声部之间的关系。更能激起学生的学习兴趣，有助于学生记忆、掌握各种节奏型。

这是笔者在节奏教学中经常玩的一个游戏：在音乐教室内，横向等距离地放置四个长方形的凳子，教师读节奏，学生跟读"ta ta ta ta。"在不断反复的过程中，凳子上的人数随教师的安排而变化（如下图所示），学生随变化读出相应的节奏。

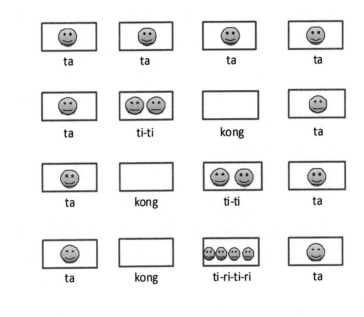

注：⌣ 坐1人，□ 无人坐，⌣⌣ 坐2人，⌣⌣⌣⌣ 坐4人

教师还可制作许多节奏卡片，卡片上是各种不同的节奏型，每个学生读熟自己的节奏卡后，以4人为一组，每人接着读自己卡片上的节奏，形成8小节的节奏。如：

（第1人）　　　　　　　（第2人）

$\frac{4}{4}$ X X X X 　 X X X̲X̲ X | X X̲X̲ X X X | X 0 X 0 |

（第3人）　　　　　　　（第4人）

X̲X̲ X X X | X̲X̲ X X̲X̲ X | X̲X̲ X̲X̲ X X | X̲X̲ X̲X̲ X̲X̲ X ‖

以上读节奏的游戏具有直观、生动、有趣等特点，深受学生们的喜爱，在玩游戏的过程中，学生感受到节奏无穷变化的同时，也掌握了各种常见的节奏。

三、玩节奏

在我们的生活中也是充满节奏的，风声、雨声、走路声，我们可以从学生的实际生活经验出发，设计各种多声部的节奏组合，再配上古典声势动作（拍手、拍腿、跺脚、捻指）。这样一种综合性的练习，对学生集中注意力，发展立体性思维、灵敏的反应和稳定的节奏感是大有裨益的。当然，这种练习是有一定难度的，但是学生都对此很感兴趣。

例1：简单的二声部声势节奏

$\frac{4}{4}$ 拍手 ‖ 0 X̲X̲ 0 X | 0 X̲X̲ X̲X̲ X | 0 X̲X̲ 0 X | 0 X̲X̲ X̲X̲ X |
　　跺脚 ‖ X 0 X 0 | X 0 0 0 | X 0 X 0 | X 0 0 0 |

例2：三声部声势节奏

$\frac{4}{4}$ 拍手 ‖ X X̲X̲ X̲X̲ X | 0 X X̲X̲ X | X X̲X̲ X̲X̲ X | 0 X X̲X̲ X |
　　拍腿 ‖ X̲X̲ X̲X̲ X 0 | 0 X X 0 | X̲X̲ X̲X̲ X 0 | 0 X 0 X |
　　跺脚 ‖ 0 X̲X̲ X X | X̲X̲ 0 0 0 | 0 X̲X̲ X X | X̲X̲ 0 0 0 |

例3：四声部声势节奏

$\frac{4}{4}$ 拍手 | <u>XXX</u> 0 0 0 | <u>XXXX</u> <u>XX</u> X 0 | <u>XXX</u> 0 0 0 | <u>XXXX</u><u>XX</u> X 0 |

踩脚 | <u>XX</u> 0 X 0 | <u>XX</u> 0 X 0 | <u>XX</u> 0 X 0 | <u>XX</u> 0 X 0 |

捻指 | <u>XXXX</u>X 0 | X <u>XX</u> <u>XX</u> 0 | <u>XXXX</u>X 0 | X <u>XX</u> <u>XX</u> 0 |

拍腿 | X 0 X 0 | <u>XX</u> <u>X0</u><u>XX</u> <u>X0</u> | X 0 X 0 | <u>XX</u> <u>X0</u><u>XX</u> <u>X0</u> |

这些练习从二声部慢慢渗透到四个声部，把念节奏和声势动作结合在一起，避免了枯燥和乏味，使这种不断变化的节奏游戏深入学生的心中。在培养良好的节奏感的同时，也让学生体会到了声部间的错落有致，培养了学生的多声思维，可谓是"一箭双雕"，为后续的合唱教学打下坚实的基础。所有的练习全部是围绕着4个小节的节奏来进行训练的，如果熟练后可反复至8个小节。可采用师生合作、生生合作、小组合作等方式进行。需要特别指出的是，所有的节奏练习应具有音乐性，而不是单纯地打拍子，在循序渐进的过程中，慢慢做到流畅、自如、有力度的变化、富有表现力。切勿为听到自己的声部就压过其他声部，既要完成自己的声部，又要听到其他的声部，这两个任务都非常重要。

例4：读人名

$\frac{4}{4}$ | X X | X X | X X | …… |

王 刚 吴 明 肖 天

| <u>XX</u> X | <u>XX</u> X | <u>XX</u> X | …… |

杨田 田 童庆 威 刘兰 雯

例5：模仿钟表声

$\frac{2}{4}$

| X X | X X | X X | X X | …… |

嘀嘀　嘀嘀　　嘀嘀　嘀嘀

| X | X | X | X | …… |

嘀　　嗒　　嘀　　嗒

| X | — | X | — | …… |

当　　　　当

奥尔夫认为语言是音乐的根，以读人名和模仿生活中的声音构成多声部节奏，帮助学生培养内心的节奏感。

例6：南德民谣《轰隆轰隆》

$\frac{6}{8}$

| X X X X X | X X X X X | X X X X　X | X X X X　X |

轰隆轰隆老　皇帝发疯。他　拳打脚踢,他　气势汹汹。他

| X 0 0 X 0 0 | X 0 0 0 0 0 | X 0 0 X 0 0 | X 0 0 0 0 0 |

轰　隆　隆　　　轰　隆　隆

| X X X X X | X X X X X | X X X X X X | X X X X X |

动刀动枪到处　抢劫一空。他　毁掉了房子还　打死了老农。

| xxxxxxxxxx | xxxxxxxxxx | xxxxxxxxxx | xxxxxx X 0 |

轰隆轰隆轰隆轰隆轰隆轰隆, 轰隆轰隆轰隆轰隆轰隆轰隆, 轰隆轰隆轰隆轰隆轰隆轰隆, 轰隆轰隆轰隆 隆!

这首南德民谣《轰隆轰隆》选自奥尔夫编撰的《学校音乐教材》，教材中对该民谣教学的定位是"通过语言的朗诵去训练

音乐的节奏和表情"。教师可根据学生的实际情况，对歌词和节奏型进行适当的改编。

教学基本步骤：

1. 欣赏教师的示范表演。

2. 学生练习有节奏地诵读民谣。

3. 师生合作：教师朗诵，学生加入拍手跺脚的动作进行二声部练习。学生跺脚的节奏｜X O O　X O O｜拍手的节奏｜X X X　X X X｜。

4. 学生口念童谣，加上跺脚和拍手的节奏进行多声部练习。

在基础的音乐教学中培养学生的节奏能力，笔者认为大致需要经过三个阶段。在培养学生节奏能力的初始阶段，训练内容应以较规律、简单的节奏型为主，速度以慢速和中速为主。让学生在听觉、视觉上逐步协调起来。教师尤其要注意的是：此阶段节拍的均匀感及重音是很重要的，其目的是帮助学生掌握准确的节奏外还要使他们体验到节奏的美感和乐趣。

培养学生节奏能力的第二个阶段，可增加一些稍复杂的节奏型，如附点节奏和切分节奏。学习这类节奏型，首先从视觉上入手，让学生知道这类节奏型其实是从时值较规则的节奏型衍变而来的。

如：X X X X = X X X ； X X X = X. X

ti ti – i ti   ti ti – iti   ta titi   ta–meti

接下来进行适当的练习便可掌握。

在培养学生节奏能力的第三个阶段，可增加一些更为复杂的节奏型，如弱起节奏"0 X 0 X"等。对于这个节奏型，小学生一般较难掌握，很多音乐教师也缺乏比较有效的训练方法。笔者采用了奥尔夫教学体系中的方法对此进行教学，这种训练，可使后半拍节奏型在动作、体感、视觉、声响等方面都显得十分明确，做法简易，效果显著。

教学过程：

1. 右手拍右腿，每拍一次连续拍击，这是基础节奏。

2. 继续做上述动作，同时抬起左臂，屈肘，前臂横置于胸前，手掌平伸，掌心向下，位于拍动着的右手上方。

3. 右手动作继续，向下拍腿时，发出较沉闷的声响（这时便是前半拍）；向上时，右手背与左手心相碰，发出较清亮的声响（这时便是后半拍），因而出现了"吧嗒吧嗒……"的节奏声。

4. 以上动作继续，右手向下渐成"虚击"，即实际上不触及右腿，不发出响声，只有向上两手相碰时发出声响，便形成了"0 X 0 X ……"的后半拍节奏型。

第二节　音准的学习

　　歌唱是小学乃至中学音乐教学的中心活动与体验领域。在歌唱艺术中，音准是一个基础性的问题，《音乐课程标准》中指出：歌唱是表现领域中的重要组成部分，《标准》中对演唱的要求是能够用自然的声音、准确的节奏和音调有表情的独唱或参与齐唱、合唱。但是，演唱要求中的"准确音调"（就是音准），很多学生却把握不好，经常会唱跑调。如何解决学生的"跑调"问题（即音准偏差问题），让学生能够把握音准、准确歌唱，是我们每位音乐教师需要思考和探索的问题。只有当学生能够把握音准、准确歌唱，他们才能充满自信地放声歌唱；只有当学生能自信、生动歌唱，他们才能享受到歌唱的美妙和快乐，他们才能由歌唱走进音乐的殿堂。本节以学生的音准问题展开论述。

一、音准问题的提出

　　美丽的歌声，动人的旋律能让我们心旷神怡。准确、到位的音准是音乐的基石。每个人都希望自己能拥有婉转动人的歌声，学生亦是如此。歌唱给予人的音乐感受是深入内心的。歌曲既可以用无法抑制的快乐和强劲有力的节奏感染人，也可以用轻柔的旋律来触动心，歌唱是小学乃至中学音乐教学的中心活动与体验领域。在歌唱艺术中，音准是一个基础性的问题，《音乐课程标准》中指出：歌唱是表现领域中的重要组成部分，标准中对演唱的要求是能够用自然的声音、准确的节奏和音调（音准）有表情的独唱或参与齐唱、合唱。

（一）音准教学的背景

在音乐教学上，我发现了这样的问题：学生唱歌时感情充沛，可是跑调的现象时有发生。例如全班学生在齐唱时，听着没什么问题，可是点学生起来单独唱时，就会出现较为严重的音准偏差问题（即跑调）。有的学生在起唱时找不着音调，无法开口歌唱；有的学生开始唱得挺好，可是唱着唱着就跑了调，自己却没有意识到；有的学生唱一首歌从头到尾只有一个音；还有的学生开口就是低八度……刚开始，我在想可能是我校生源的原因，所以在音乐素质上比别的学校差一些，也可能是我在教学方式上出了什么问题。可我在其他几所兄弟学校去听课和进行音乐素质测试时，也发现了同样的情况。看来，这是一个普遍存在的问题。

（二）音准教学的意义

作为一名音乐教师，如何去培养和提高学生的音准能力，促进学生更好地发展音乐方面的能力，是我在音乐教学工作中的最大挑战。有研究表明，3岁到6岁是儿童掌握固定音高概念的最佳时期，这一时期，幼儿极为单纯和敏感，在钢琴上反复奏响的每个音都会在他幼小的心灵上留下深刻的印象，不需要参照任何标准音，记忆与听辨这些音高，对幼儿来说是轻而易举的，这也是成人望尘莫及的。但10岁之后的孩子大都失去了形成固定音高概念最有效时期，这一时期的孩子即使通过强化训练，也收效甚微。这就表明对低段的学生进行记忆听辨音高是十分迫切和必要的。所以，进行歌唱音准问题的研究，能够帮助低段的学生尽早地建立音高概念，只有接受科学系统的音准训练，发展学生的音乐能力，才能培养他们自信、胆大的特质。

二、国内外研究现状综述

（一）国内研究

1. 音阶教学法

义务教育阶段的音乐课，一般是以教唱音阶的七个唱名开始，进行音准的训练。七个唱名的教学方法多种多样，如按音阶顺序，先教"1"，后学"2"……最后到"i"。练习七个单音，唱准七个单音。只是在每节课开课的时候作为常规训练唱一唱，既没有和具体的歌唱音准教学结合起来，也没有和教材结合起来，这种方法学生学起来比较枯燥，对唱音阶不感兴趣。

2. 心理教学法

耳朵是最好的老师。使用这种教学法的教师们不谈歌唱技巧，如姿势、呼吸方法、发声机理或共鸣腔体的调节等，而是强调主观上的一些细节，如音的记忆、心理的概念、感情和信心。

3. 图形谱教学法

图形谱作为一种新兴的识谱教学的有效手段和过渡方法，目前在理论界还没有具体的操作定义，但通过多次的教学实践过程中的实践与研究所得：通过实物、点、线等符号将抽象的音符具体化、想象化、直观化，以体现旋律线条走向，节奏唱段和音的强弱等音乐表现要素。图形谱的趣味性和直观引导性，能有效指导学生正确识谱演唱。

针对合唱团，音准训练有很多的方法，如金盾出版社出版的陈巧姑的《童声合唱辅导与指挥》中就较详细系统地进行了阐述。

（二）国外研究

1. 柯达伊教学法

在音乐课上，教师借鉴柯达伊教学法，运用柯尔文手势，让学生唱准每一个音；练习打节拍，培养学生稳定拍感；练习打节奏，使学生掌握各种节奏型。通过课上长期练习，使学生掌握音乐技能，为以后学习奠定基础。

2. 体态律动教学法

达尔克罗兹体态律动的研究：体态律动是以身体运动来感受和再现所听到的音乐，身体作为最重要的教学媒介而存在，通过改变手势或身体各部位在空间的方位和位置，帮助感受音高。另外，体态运动对于儿童身心发展具有极其重要的意义，是符合他们认知特点的一种有效的教学方法。

针对义务教育阶段小学生歌唱音准能力方面的研究很少，关于这方面的理论，我看到过一些，但是系统化的、可操作并行之有效的方法，我还没有看到。所以，针对现阶段令人担忧的小学生的音准情况，是亟需行之有效的方法，来提高小学生的音准能力。

三、核心概念的界定

（一）音高

指各种高低不同的声音，即音的高度，音的基本特征之一。

（二）音准

歌唱和乐器演奏中所发的音高，能与一定律制的音高相符，称为音准。歌唱音准的取得，有赖于敏锐的听觉与科学系统的训练。歌唱中存在的音准偏差（也称之为跑调），会给歌唱者及听众带来很大的困扰。

（三）歌唱音准教学

就是引导学生如何让自己歌唱的音高与乐曲旋律的音高一致，使歌唱生动、富有表现力。

四、出现音准偏差的原因及解决方式

（一）出现音准偏差问题的原因

为了找出音准问题产生的原因，我针对本校一年级 7

个班的 344 名学生就音准问题做了全面的摸底调查。因为一年级是起始年级，还没有接受正规、系统的音乐教育，是最易找出音准问题产生根源的时期。我首先请每个学生演唱一首他们非常熟悉的歌曲《国旗国旗真美丽》，我来给他们打等级，我制定了一个表格，拟定了 A、B、C、D 四个等级，A 等级表示音准把握能力好；B 等级表示音准把握能力较好，但个别音找不准；C 等级表示少部分音能唱准，但还有大部分音找不准；D 等级表示完全没有音高概念（就是五音不全）。

调查结果是：

等级	人数	百分比
A	15	4.4%
B	58	16.8%
C	261	75.9%
D	10	2.9%

以上的数据表明：除了少数 A 等级（音准能力很好）和 D 等级（五音不全）的学生，大部分学生的音准情况集中在 C 等级（这个等级的学生是我主要研究的对象），即少部分音能唱准，但还有大部分音找不准。也就是说，大约有 78.8% 的学生存在严重的音准偏差问题，那到底是什么原因呢？在调查的过程中，我找到了原因所在：幼儿园的音乐教学只关注歌唱兴趣、能用好听的声音积极参与歌唱，学唱歌曲都是老师

唱一句，学生学一句，不认识音符，也不知道唱名，更没有音高的概念，有些学生唱歌跑调了，自己能够感觉到，有的却浑然不知……在小学音乐教学中，随着这些年新课改的变化，很多教师没有深入理解新课程标准，忽视了音乐课上的"双基教学"（即基本知识、基本技能）导致唱歌课上基础的发声、音准、声音和谐度的训练都被淡化了很多。综上所述，学生出现音准偏差问题的原因集中在以下两个方面：

1. 未能及早培养学生准确的音准感知能力。

2. 学生把握音准的能力不够。

（二）解决音准偏差问题的策略

1. 培养学生初步的准确的音准感知能力

生活经验是一切认知的基础和起点，学生对声音的理性认识也是从生活中的声音开始的。对低段的学生来说，音准是抽象的、难理解的。很多学生认为很重的声音就是高音，很轻的声音就是低音，完全没有音高的概念。教师根据低段学生的年龄特点，从学生的生活经验入手，创设故事情境，帮助学生建立了初步的音高概念，使抽象的音高关系变得直观、形象，好理解。在潜移默化中学生基本建立起了良好而稳固的音高概念。学生觉得很有意思，对此十分的感兴趣。现在，学生能够轻松、准确地分辨出音的高低。如："今天，音乐王国的黄鹂鸟和小蜗牛在进行唱歌比赛呢！我们一起去欣赏一下他们的歌声吧！"教师在钢琴最右边的高音区弹奏《蜗牛与黄鹂鸟》的旋律来代表黄鹂鸟的歌声，在钢琴最左边的低音区弹奏这首歌曲的旋律代表蜗牛的歌声，请学生比较一下黄鹂鸟和蜗牛的声音各有什么特点。最后得出结论：黄鹂鸟的声音尖尖的、细细的、音很高；蜗牛的声音粗粗的、低低的、音很低。最后总结让学生明白：两个声音只有通过比较才能确定哪个音高，哪个音低。

2. 充分利用柯尔文手势提高学生的音准能力

柯达伊音乐教学法是目前世界上所广泛应用的教学法之一，由匈牙利音乐教育家佐尔丹·柯达伊提出，其理念是"使音乐成为每个小孩教育的一部分"。"柯尔文手势"是柯达伊音乐教学法中的一个组成部分，手势是 19 世纪 70 年代由优翰·柯尔文（John Curwen，1816－1880）首创的，所以称之为"柯尔文手势"。手势借助七种不同手势和在身体前方不同的高低位置来代表七个不同的唱名，在空间把所唱音的高低关系体现出来。它具有动感、形感和空间感，且直观、形象有趣，深受儿童的喜欢。

柯尔文手势自创立以来，得到了各国音乐教育者的重视，国外的研究者们将其编入音乐

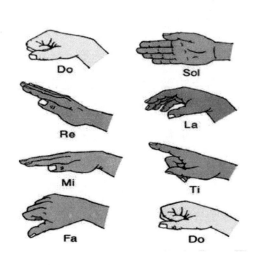

教材中，并使它逐渐成为音乐教学中的重要教学手段，但我们使用的人音版的小学音乐教材，低段的教材没有关于柯尔文手势的教学内容，只是在中、高年段出现了一点点这个内容，在实际教学中的意义不大。经研究表明，运用柯尔文手势的最佳黄金期是一年级上学期，因为这一时期是建立准确音高概念的关键时期，这一时期的儿童还不会看谱唱歌，而柯尔文手势正好扬长避短，利用它的直观形象和趣味性，帮助儿童建立起唱名概念，以及获得良好的音高感，它是教师和学生之间进行音高、音准的调整、交流的一个身体语言形式。音准教学中，并不一味地强调这个音符应该唱多高，那个音符应该唱多低，而是恰当地运用柯尔文手势。由于音符的不同所用的手势也就不同，不同的手势再辅以不同的空间位置，可使学生产生对音符唱名及相对音高的联想，将学生觉得难以捉摸的音准在一定程度上予以视觉化，形象化。在平时的教学中，让学生学着用手形的变化及手位的高低调节来学唱单音、音阶、音程等；新歌教学时让学生在老师的琴声引导下边做手势边识谱，这样边唱边动学生们很感兴趣，可以有效减弱对音准的畏难情绪，音准的准确性随之也大大提高了。纵观市内各个地区的小学音乐课堂（笔者在做课题时进行过调查访问），把柯尔文手势运用到课堂中并能够结合教材进行音准教学的基本上是没有的。不要小看这个柯尔文手势，只要运用得当，把它有意识地渗透到每节音乐课的常规教学中去训练学生的音准，就会取得意想不到的效果。

如教师向学生介绍柯尔文手势的时候，每介绍一个手势，就在琴上弹出和手势相对应的音，从而使学生在视觉上和听觉上对音高有一个固定的概念。要使学生在音准练习中能够熟练运用柯尔文手势，一定要和教材中的歌曲结合起来灵活运用，真正地做到让柯尔文手势为音准教学服务。如，教师让学生熟悉 3（mi）和 5（sol）时，边跟琴唱边做出 3 和 5 的柯尔文手势，并结合课本不断巩固 3 和 5 的音准，在教材的歌曲中遇到 3 和 5 时可采用教师做手势全体学生唱；教师唱单音全体学生做手势；教师唱单音部分学生做手势；某个学生做手势全体师生唱的方式来练习 3 和 5 的音准。如，第一册中《你的名字叫什么》的第①②⑤⑥小节；《拉勾勾》的第①⑤小节；《其多列》的第①②小节；《国旗国旗真美丽》的第①②⑦小节等等。以下是一个学生自己用柯尔文手势解决音准问题的例子：在学唱《数鸭子》这首歌时，最后两个乐句的歌词都是"数不清到底多少鸭"，旋律非常相似，只是前一句的"鸭"字是在 sol 音上，后一句的"鸭"在 do 音上，有一部分学生总是把 sol 音上的"鸭"字唱成 do 音，结果把两句唱得一模一样。该怎么办呢？教师并不急于评价，而是让学生仔细、充分地聆听，听听音准上有什么问题，学生很快找出了问题的所在，教师请学生想个办法来调整，有一个孩子是这样说的："唱到 sol 音的'鸭'字时，就做 sol 音的柯尔文手势，唱到 do 音的'鸭'时，就做 do 音的柯尔文手势。"虽然，这个孩子没有说清楚为什么要这样做，但是，我明白他的意思，因为 sol 音的柯尔文手势在肩膀前，do 音的柯尔文手势在腰前，通过做这两个柯尔文手势，很直观地辨别这两个音的高低，同时也起到一个提醒的作用。学生们用这个方法去唱，问题迎刃而解。

又如，在学唱《洋娃娃和小熊跳舞》这首歌时，歌曲中四个乐句的最后一个小节分别是：| 13 50 |、| 13 10 |、| 13 50 |、| 13 10 |，学生把在四个小节全部唱成 | 13 50 |，在研究此课题之前，教师用教唱、听唱等方法来纠正这个地方音准问题，多次强调这里要唱成| 13 50 |，那里要唱成| 13 10 |，可学生似乎不领情，大部分学生还是会唱错，在研究此课题之后，借助柯尔文手势轻松解决这个问题。首先让学生仔细聆听这四个小节有什么特点，学生能够听出来| 13 50 |和| 13 10 |的区别，然后师生接龙，用柯尔文手势跟琴比画着唱一唱，通过手势对学生进行音高的暗示、提醒和帮助，基本上在学生借助手势独立唱到第三遍时，全班无一人出错，问题迎刃而解。

在利用柯尔文手势训练音准的教学中，学生最感兴趣的就是利用手势进行旋律练习。在小学的音乐教材中，有很多简单歌曲的曲谱是很适合用柯尔文手势做出来的。如《数鸭子》《闪烁的小星星》《粉刷匠》《新年好》《小红帽》等，学生在幼儿园就学过这些歌曲，对这些歌曲非常熟悉，教师用优美而流畅的手势引导学生唱这些歌曲的曲谱时，学生感到很亲切很有意思。在做这个练习时，一定要注意把速度放慢，让学生有充分反应的时间，等到熟练之后，再逐渐加快速度，最后，一定要脱离手势进行视唱练习。在这个训练过程中，由易到难、循序渐进，学生非常乐于使用这种直观的柯尔文手势，极大地提高了音准的准确性，也充分调动了学生的学习积极性，收到了事半功倍的教学效果。

3. 在游戏中提高学生的音准能力

托尔斯泰曾经说过："成功的教学所需要的不是强制，而是激发学生的兴趣。"如果为了音准一味地让学生去听音去视唱，会让学生觉得枯燥乏味，他们绝对没有耐心去做这些练习，所以，我根据小学生爱玩游戏的年龄特点，将音准训练融入游戏当中，以此来引起和激发学生的兴趣，提高他们的音准能力。

如：我效仿英语课上每个学生都有一个英文名字的做法，在音乐课上，我给每个孩子取了一个音乐名字。每个班有四个小组，分别是：do 组、re 组、mi 组、fa 组。比如说，do 组（即第一组）的同学按顺序排就是 do do（11）、do re（12）、domi（13）……re 组（第二组）按顺序排就是 redo（21）、rere（22）、remi（23）……请每个学生把自己的音乐名字记清楚，老师会用回声的方式跟学生打招呼：师用唱出 mf（中强）的力度唱出 domi（13），请第一组第三位同学起来用 mp（中弱）的力度唱出自己的音乐名字 domi（13）并伴随着相应的柯尔文手势来回应老师。学生对这种音准训练非常感兴趣，每个人都争着想和老师玩这种游戏，这种方式不仅训练了学生的音准，提高了学生的音高听辨能力，还让学生对声音的力度有了一定的认识和把握，可谓是一举两得。将枯燥的音准训练融入游戏中，寓教于乐，最终取得了良好的教学效果。

又如，教师在训练 2(re)4(fa)6(la)的音程的音准时，设计了这样一个游戏：①首先模仿三个动作：蹲下来采草莓(代表 2 的音高)、站着采茶（代表 4 的音高）、踮着脚尖摘苹果（代表 6 的音高）。②学生分三个采摘组并围成圈儿，教师弹唱 2(re)，代表 2(re)的学生就蹲下来做采草莓的动作，教师弹唱 4(fa)，代表 4(fa)的学生就站着做采茶的动作，教师弹唱 6(la)，代表 6(la)的学生就踮着脚尖做摘苹果的动作。③教师做某个采摘动作让学生唱相对应的音，熟练后互换。④增加难度：让 2(re)组的学生发长音 2(re)，4(fa)组的学生唱 4(fa)的长音加入进来，随后 6(la)组的学生唱着 6(la)的长音加入进来，最后随着教师的手势一起结束。

在这个练习中，学生可以很好地互相倾听，并通过自觉的调整、协调来获得正确的音准，从而提高了学生的听觉能力，以达到训练音准的目的。其实，也为中高年级的合唱教学做了一个很好的铺垫。

4. 借助竖笛教学提高学生的音准能力

竖笛携带方便、音色优美，适宜学生吹奏，符合集体教学原则。竖笛参与课堂不仅仅是技术传授，更是对学生音乐能力的培养。它还可以丰富课堂教学的形式，满足大部分孩子学习音乐的欲望。根据有关资料显示，现在国内很多地区在幼儿园都已开展了竖笛的教学，大多是作为一种教学辅助学具，培养和发展学生的音乐能力。学生年龄小，嗓子娇嫩，过多的练唱很容易使嗓子处于疲劳状态，而竖笛有着固定的音高，音准反应在听觉上、指法上有鲜明的直观性，学生在吹奏的过程中听到音高，不断加深音高印象，提高音准能力。但人音版的音乐教材是从三年级下学期才出现竖笛的内容，我个人认为稍微迟了一点，所以，我决定从一年级就开始结合我的音准教学的研究来渗透竖笛教学，以帮助学生提高音准能力。

如，教师在钢琴上弹奏一个音，或背对学生在竖笛上吹奏一个音，请学生听辨。这对绝大多数学生来说，非常困难。如果有竖笛，可以让学生在自己的笛子上试着把教师给出的音高吹出来，若不对，可先判断是高了还是低了，然后再找，直到正确。久而久之，学生对固定音高的记忆得到加强。

又如，教唱一条不易唱准的旋律，让所有学生用竖笛吹奏曲谱，熟练后，分一部分学生视唱，另一部分学生吹奏曲谱，然后交替进行；对把握不准的音，借助竖笛吹一吹，让竖笛帮助找到准确的音高，再进行练唱，这样就帮助学生掌握了正确的音高概念，继而有效地提高了音准能力。

在研究歌唱音准教学中，音乐教师要针对小学生求知欲强、可塑性强、理解力差、坚持性差的特点，由浅入深，由简入繁，结合教材循序渐进地制定教学计划，确定音乐教学进度中音准训练的内容，有的放矢地进行歌唱音准教学。只有像这样遵循学生的认知规律和心理特点，因材施教，多应用形象化、直观化、生动的教学方法进行教学，充分运用以上的研究成果进行教学，有效地调动学生学习的主动性、积极性，引导学生积极参与，才能获得最佳的教学效果。

五、研究成效

（一）学生获得了初步的音准感知能力

学生初步具有了通过听觉对自己正在演唱的音准进行对照（自己的歌声和同伴歌声的对比、和琴声的对比），并将因错误演唱所呈现的不适感进行自我调整的意识和能力。如，当感受到音准之间的偏差时也会主动往准确的音高上去靠，以求得音高上的统一。

学生建立了基本的音高概念，在反复的听觉训练中，学生对音准的感知能力不断增强，进行研究的七个班的学生绝大多数都能听辨出音的高低变化，在听辨音高时，高一点点、低一点点都能准确地听辨出来。在每节课安排的音准听辨练习中，让学生在模唱中听，教师关注到每一个学生，指导学生要能听出自己的声音、钢琴的声音、别人的声音，并和准确的音准进行对比，比较出差异（是高了还是低了）。个人模唱时，感知到自己的音准出现偏差，会努力地往准确的音上靠，一直调整到准确的音高为止。

(二) 学生的歌唱音准能力大幅度提高

由于对音的高低识别的敏感性增强，相应降低了歌唱中的音准把握的难度，学生演唱的音准能力相应也在慢慢提高。大多数学生对自己出现的音准偏差都能清楚认识到并能将自己有偏差的音作出恰当的调整（当然还可能存在不稳定的现象）。增强了歌唱的自信心，学生变得爱唱歌、爱表现了。以下是最新的一次音准测试成绩（每个学生唱一首本学期学过的最喜欢的一首歌,有教师伴奏）。这个年级是我从一年级带上来的，现在是二年级，一共 7 个班，344 名学生。A、B、C、D 四个等级，A 等级表示音准把握能力好；B 等级表示音准把握能力较好，但个别音找不准；C 等级表示少部分音能唱准，但还有大部分音找不准；D 等级表示完全没有音高概念(就是五音不全)。

测试结果是：

等级	人数	百分比
A	20	5.8%
B	247	71.8%
C	70	20.3%
D	7	2%

这个数据和本课题研究之初的数据相对比，可以很清晰地看到学生的进步。A 等级的学生在原有的基础上增加了1.4%；B 等级的学生在原有的基础上增加了63.4%，原先

271 名有音准偏差的学生在此课题研究之后 194 名学生基本解决了音准偏差问题，百分比达到 71.6%。

（三）在各种音乐实践活动中提高学生的音准能力

1. 参加小组竞赛。竞赛的内容从简单的单音模唱到音程和简短旋律的模唱。具体方法是被测的学生模唱，其他学生评价音高的准确性，如果音准是准确的，就可以得到一个"小小音乐家"的印章，如果被认定有音准偏差，就请其他学生指出问题(是唱高了还是低了)，指出错误并改正的学生可获得一个"小小音乐家"的印章，攒足一定数量的印章是可以获得各种机会(如上台表演、担任音乐小组长、小小指挥家等)，学生非常喜欢这样的竞赛活动。在这样的活动中，学生不断地巩固了音高的概念，增强了识别音高的能力，同时也提高了学生的歌唱音准能力。

2. 充分利用学校的小海星艺术节让学生有独唱、齐唱的表演机会。充分利用音乐课前的 10 分钟，让学生听到教材中的各类音乐作品；充分利用第二课堂举办的音乐会，让学生把在音乐课内的所学用自己喜欢的形式表现出来(如独唱、对唱、小齐唱、音乐剧等)，通过这样的音乐实践，进一步提高学生的歌唱音准能力。几个学期下来，学生听觉上的作品积累会十分丰厚，对音高、旋律的感知能力会在积累中增强，对歌唱时音准的把握能力和歌曲艺术形象的表现能力也会增强。

（四）校内推广及应用

音准教学方法也受到校领导的高度重视，在音乐组开展了多次相关研讨与展示，老师们都认为，灵活运用以上的相关策略，确实有效地提高了学生的歌唱音准能力。

回顾研究歌唱音准教学走过的路，我发现我们的孩子不是不能唱准，而是我们没有用心地去教学、去引导，只要用心去研究、去实践，孩子的音准能力一定会不断提高，一定会自信又快乐地歌唱。

六、相关问题的思考

在研究音准教学策略过程中我还有一些困惑和新的想法：

一是有些学生能够用耳朵听出音的高低，但是却唱不准，对于这样的情况，是否可以从科学的歌唱方法上去研究再进行调整。如气息的准确运用、真假声的训练。

二是有的学生音准情况不稳定，有时唱得很准，有时会出现音准偏差（跑调），对这样的情况，是否可以从锻炼学生的心理素质这个角度去研究。

三是本课题的研究内容是不能够只停留在小学低段的，它是一个长期的、复杂的过程，学生的歌唱音准能力是呈螺旋式发展的，如何和中、高年段接轨并能够持续发展学生的音准能力，是一个值得我们每个音乐教师思考的问题。毕竟每周只有两节音乐课，有时因为公休和活动，音乐课就更少，所以想真正提高学生的歌唱音准能力，还需要老师的努力和坚持。

　　教育家魏书生先生说过："做任何事情至少有一百种方法"。针对学生音准偏差问题的解决方法肯定还有很多，只要我们坚持探索，坚持实践，一定能找到更多的方法来帮助学生解决音准偏差问题，更好地促进学生的音准能力，让学生自信、生动的歌唱，享受到歌唱的美妙和快乐。

第三节　歌唱技巧的学习

一、歌唱的气息

关于歌唱的气息，很多教师有这样的困惑：讲深了、讲多了，学生理解不了；讲浅了，又达不到效果。总而言之，歌唱气息的训练是不好做的，很多教师只得一语带过、听之任之。殊不知，唱歌中良好的呼吸能直接影响歌唱的音准、节奏、音色、力度、速度等。

正确的呼吸习惯是逐步培养起来的，每一次课都要留出时间做必要的训练。在小学低年段只能用较浅的呼吸方法，对他们不宜作过多的呼吸方法的要求。对这个阶段的学生的气息教学应当以感性为主，如引导学生在笑声中找气息，虽然笑声很散、不集中，但是腹部却是用力的。人们常说的"把我的肚子都笑疼了"就是这个道理。练习时打开嘴巴，自然呼吸，发断音：

▼ ▼　　▼ ▼
X X 0 X X 0 |
哈哈　哈哈

发声的要求是短促而有力。学生很容易在这个练习中找到腹部用力的感觉。

到了中高年级，教师要指导他们从胸式呼吸逐步转向胸腹式联合呼吸，使呼吸具有一定的深度。有的学生没有掌握正确的呼吸方法，在吸气时，小肚子反而往里缩。这是因为学生没有理解吸气时，胸腔和腹腔要扩张的要求。在这种情况下，教师可让学生试着吹气球找感觉，启发学生吸气后的感觉就像鼓起的气球一样。

（一）长音练习

1=C　4/4

5 4 3 2 ｜1 － － －｜

m

1=C　4/4

5 6 5 4 ｜3 2 1 －｜

m

用慢吸慢吐进行练习，尽可能使每个音唱得平稳、自然。半音上行至一个八度后返回。

（二）跳音练习

1=C　4/4

5 0 5 0 5 0 5 0 ｜5 0 5 0 5 0 5 0 ｜5 － － 0 ｜

Ha ha　ha　ha　　ha　ha　ha　ha　　ha

1=C　4/4

$$\underset{\text{\scriptsize Tu tu}}{\overset{\blacktriangledown\ \blacktriangledown\ \blacktriangledown\ \blacktriangledown}{5\ 5\ 5\ 5}} \Big| \underset{\text{\scriptsize tu tu tu tu}}{\overset{\blacktriangledown\ \blacktriangledown\ \blacktriangledown\ \blacktriangledown}{5\ 4\ 3\ 2}} \Big| \underset{\text{\scriptsize tu}}{\overset{\blacktriangledown}{1\ 0\ 0\ 0}} \Big|$$

这两条练习的目的是集中气息和发音点。练习时要求喉咙放松，声音短促而富有弹性，半音上行一个八度后返回。

（三）打嘟噜练习

打嘟噜练习指的是练习连续的唇颤音。这是一个非常有趣的气息练习方法。具体做法：深吸一口气，往外吐气的同时，让双唇颤动起来保持 10 秒。需要注意的是嘴唇一定要适当地放松，这样会使嘴唇持续颤动，避免使用过强或过弱的气息，所以一定要找到一个平衡点，找到一个合适的状态。

在整个过程中，学生可以明显地感觉到自己的腰腹部绷得很紧，换气时腰腹部放松后再吸气进行下一轮。事实表明，经过长时间的练习后，学生对气息的控制能力有了明显的提高。

二、歌唱的声音

歌唱的发声是歌唱技巧训练中的一个重要问题。什么是理想的儿童歌唱发声、怎样对儿童进行发声训练，对于这些问题国内外常有不同的看法。国外普遍采用以头声为主的歌唱发声方法。欧美各国历来有用头声歌唱的传统。用头声发声方法歌唱时，声带边缘部分和连接部分振动，长久歌唱不会疲劳，声音清澈干净，能保持音调准确，声音优美明亮，从口腔前方发音能传到远方，还能唱出极弱（pp）的声音，尤其适合唱多声部合唱，故头声歌唱有丰富的音乐表现力。用头声歌唱还可以使变声期缩短，在变声后保持良好的喉咙。

一般说来，头声发声训练宜从小学三四年级开始，小学低年级不适合进行头声发声教学，要求学生用自然、柔和的声音演唱即可。但是要避免长期的、连续的柔声歌唱，因为持续的柔声歌唱会导致音量减弱，音域得不到扩展，发声器官得不到应有的锻炼，所以在教学时，教师要有意使声音力度有对比、变化，这样才能够避免以上问题。

在歌唱声音的问题上，我们经常在课堂上强调不要喊唱，要轻声歌唱，但似乎作用不大，教师强调的时候学生的声音会收着一点，过一会儿就又还原了。究其原因，一是没有养成习惯，二是教师没有讲清楚应该怎样轻声歌唱。

从小学的初始年级开始，一定要养成小声歌唱的习惯，即"微声"歌唱。首先要让学生明确，微声不是弱声（虚声），两者的力度是不同的，微声所用的气息和真声是一样的，只不过是音量小一些。但是，轻声歌唱并不是音乐教学的目的，它只是一种学习方法，轻声训练后，还需要安排适当的时间让学生用正常的音量练习演唱。

三、歌唱的表情

中小学歌唱教学的主要内容和目标是自然、自信、有表情、有感情地唱歌。这里的表情不是指的外在的面部表情，而是指演唱者将内心对作品的理解通过演唱变为艺术表现。可这些在实际的教学中，效果却大打折扣，大多数学生不知道怎样通过歌声表达情感，唱出来的歌声平淡无奇，没有任何的感情色彩。

德国歌唱艺术家卢齐厄·马南说："歌唱就是用声音来艺术地表达人类感情。"融情于声，声情并茂，其实质是摆正技术与情感的位置，正确地处理二者的关系。匈牙利音乐教育家柯达伊在《儿童合唱队》一书中说："艺术的精髓并不是技术，而是心灵。一旦心灵可以毫无障碍地自由表达，便能创造出完满的音乐效果。"歌唱的声音固然很重要，但对于中小学生来讲，关键在于培养"有感情地歌唱"。我国教育家陈鹤琴说："其实唱歌亦有两方面的意义，一是身体各器官运动的唱歌技术，一是从内心而发的精神活动。我们就儿童实际唱歌的情形来观察，唱歌的技术是次要的，而从内心起歌的精神活动才是第一要义。所以，儿童唱歌应以反映精神面貌为主。再以着重个性发展的教育观点来看，对于许多环境不同、素质不同的儿童，应该因材施教。如用同一种偏重于提高演唱技术的教学，显然是与我们音乐教育目的不相符的。"陈鹤琴在《让儿童生活音乐化》中提到：教师要启发学生在理解的基础上，把歌曲的感情化为自己的心声表现出来。我们称之为内在的表情。很多时候，教师提示内在情感的表现少，而提示外在的表现居多，分析与表现作品内涵少，追求声音等外在因素多，经常会听到教师说"面带微笑、表情好一点"诸如此类的语言，所以演唱的深度不够，很难感染人。

首先要使学生进入歌曲的意境之中，让学生从整体上认识歌曲。教师起着至关重要的作用，教师的范唱可以直接影响学生对歌曲的好恶。德国教育家第斯多惠说过："教学的艺术不在于传授的本领，而在于激励、呼唤和鼓舞。"就是说，在教学中教师要善于用自己的激情感染、激励和鼓舞学生，这样才能呼唤起学生的情感体验。要做到这一点，教师首先要有丰富、充沛的情感体验。有时，我们看到音乐教师在授课时，表情、语气单一，毫无生气，似乎只是在完成任务而已。教师自身就没有走进音乐，没有对音乐的情感体验，如何能唤起学生的情感？所以我们作为音乐教师要多进行音乐实践，多听音乐，要从分析音乐结构的狭窄范围中跳出来，丰富自己的文化修养，在文化的大背景中去感受音乐，这样才能获得真实的情感体验。

　　教师要求学生唱好的歌，自己首先必须唱好。罗马诗人贺拉斯说过："只有唯一的路可以打动人心，就是向他们显示自己首先被打动。"教师的歌声，会使师生产生心声的交流，其潜移默化的作用不可低估。在演唱中，用什么样的声音和表情取决于歌曲的内容。不同的歌曲就要用不同的音色去表现，即使在同一首曲子中也会有不同的音色变化。我们经常会运用不同的力度和速度来表现。由于小学生年龄小，理解能力有限，一般以形象思维为主，所以教师从歌曲的音乐形象入手来指导学生。如唱弱可比喻为好像在说悄悄话。比如在学唱歌曲《草原上》（人音版三年级上册），怎样才能让学生把歌曲中歌颂草原美丽景色和热爱家乡的感情演唱出来呢？不论是唱旋律还是唱歌词，教师都要求学生随着旋律的上行和下行唱出力度的变化（上行渐强，下行渐弱）。从而使学生在旋律的起伏中感受与联想到一望无际的茫茫草原，被风吹得像波浪似的起伏的绿草，感受到歌曲的优美抒情。再进一步结合歌词和影像资料，让学生感受到蓝天高、太阳照，美丽的草原充满了生机，以及人们心中的喜悦之情。

草原上

蒙古族民歌

1=D $\frac{4}{4}$

```
3  5 6 -  | 2  1 6 -  | 5  1 6 5 | 3 - - - |
1.蓝 天 高，  太 阳 照，  草 原 好 热  闹。
2.蓝 天 高，  太 阳 照，  草 原 人 欢  笑。
```

```
3  5 6 -  | 2  1 6 -  | 1  2 5 1 | 6 - - - |
马 儿 跑，  羊 儿 叫，  这 里 风 光  好。
马 儿 壮，  羊 儿 肥，  年 年 光 景  好。
```

又如学唱歌曲《童心是小鸟》，这是一首节奏欢快、旋律优美的二段体歌曲。歌曲富有动感的四三拍，清新流畅的旋律，表现了孩子们美好的遐想和愿望。怎样才能使学生在演唱中抒发出对大自然无限热爱的感情呢？首先指导学生找出歌曲的旋律特点。如第一乐段起伏跳动的旋律，刻画出孩子们像小鸟一样在大自然的怀抱中飞来飞去的情景，教师启发学生，使他们联想到用轻盈、有弹性的声音演唱，可以表现这一情景，演唱力度应按中强(mf)，或随着旋律的起伏进行渐强、渐弱的处理；第二乐段的旋律优美舒展，是整首歌曲的高潮，表达了孩子们的美好心声，可启发学生用自然、连贯的声音演唱，演唱力度应用强(f)或很强(ff)来表现。

教师还应当充分发挥学生的积极性和创造性，让学生把自己对歌曲情感的体验，对歌曲产生的丰富联想表达出来。对于不同的处理和表现歌曲的想法，教师都要予以鼓励和支持，试着让学生唱一唱、听一听、辨一辨，通过讨论与演唱实践找出较好的歌曲处理的方案。只有真正理解了歌曲，才能恰当、鲜活地表达歌曲的情感。这种做法，可以进一步提高学生表现歌曲的能力，同时也发展了学生创造性思维的能力。

综上所述，笔者把这些教学理念和教学经验有机地渗透在音乐教学中，取得了非常好的教学效果，让学生在感兴趣的基础上提高了歌唱能力。以下是笔者的三篇获奖的唱歌综合课教案，在此与大家分享。

教案一:

课题	《一对好朋友》(人音版二年级上册)	课时	1
课型	唱歌综合课	教具	课件、电子琴、玩偶卡片
教学内容	学唱歌曲《一对好朋友》		
教学目标	1. 学唱歌曲《一对好朋友》,感受歌曲带来的喜悦之情,体会好朋友之间的真挚友谊。 2. 运用游戏、表演等方式体验歌曲、学唱歌曲。培养学生感知音乐、表现音乐的能力。 3. 用欢快、活泼的声音演唱《一对好朋友》,并能随音乐做简单的即兴表演。		
教材分析	《一对好朋友》是一首采用民间音调写成的创作歌曲,四二拍,徵调式,是由四个乐句构成的一段体歌曲。歌曲的旋律活泼,节奏紧凑,描述了小伢伢和小妞妞一块去放鸭和牛,一块唱着歌回家转的情景。歌颂了小朋友间真挚朴素的友谊。歌中"哩喽喽哩喽"吆喝声的加入,为歌曲增添了乐趣,使得歌曲更为生动。		
教学重点	用欢快、活泼的声音演唱歌曲		
教学难点	唱准附点节奏、倚音		

教　学　过　程				
教学流程	教学内容	师生活动	设计意图	教学用具
导入新课	激趣导入	①教师拍ＸＸＩＸＸ的节奏和学生互相认识。(拍出四二拍的强弱) ②教师弹奏歌曲旋律,学生合着音乐拍ＸＸＩＸＸ的节奏。 ③教师用纸张和着歌曲旋律。(一个乐句折一个角,四个乐句折四个角) ④跟着歌曲旋律的节奏走路。 师:让我们跟着音乐一起去郊游吧! ⑤用"回声"的方式练声。 师:听!有朋友在欢迎我们的到来!	拉近与学生的距离,创设良好的学习氛围。体验四二拍的节奏和强弱。用游戏的方式,让学生初步感受歌曲的旋律和节拍。让学生隐性了解乐句的划分。为后面歌曲的艺术处理做铺垫	PPT 卡纸
歌曲新授	1 初听范唱	①教师范唱歌曲。 师:张老师在郊游时,遇到了很多好朋友，听听他们是谁? ②师生交流歌曲的内容并出示相应的图片。	初步感知歌曲旋律，了解歌曲内容	音乐
	2 解决节奏难点	①学生掌握歌曲中动物的叫声节奏。 ②师生点评。 ③师生接唱。 师:让我们来听听小鸭和小牛是怎么对话的?	解决歌曲的难点节奏	PPT

（续表）

3 再听范唱	①揭示课题。 ②教师再次范唱。 师：你们能听出有哪两个乐句是一样的吗？ ③练唱三、四乐句。（"哩喽喽，哩喽"用回声比喻）	解决教学难点（倚音）	
4 学唱歌曲	①师生有感情地朗读歌词。 ②完整练唱。 ③师生点评。 ④巩固练唱。 ⑤多种形式（齐唱、分组唱）完整演唱歌曲。	学会歌曲并对歌曲进行艺术处理	
歌曲拓展	1 用多种形式表现歌曲	①教师引导学生创编歌词。 ②加入蛙鸣器、鸟鸣器、人声来表现歌曲。	用多种形式来表现歌曲，培养学生的创新能力。了解歌曲内容	蛙鸣器、鸟鸣器

教案二：

课题	《爱的人间》(人音版五年级下册)	课时	1
课型	唱歌综合课	教具	课件、电子琴
教学内容	唱歌曲《爱的人间》		
教学目标	1.能用优美、自然的声音演唱歌曲《爱的人间》,体验人与人之间相互关怀的美好情感,表达对残疾人的理解和关爱。 2.用听唱法、划拍等方式来记忆歌曲、学唱歌曲。 3.了解三段体的曲式结构,尝试用不同的演唱形式、编创歌词等方式来表现歌曲。		
教材分析	歌曲《爱的人间》是四集儿童电视剧《光明的世界》的主题歌,由王健作词、谷建芬作曲。电视剧以 13 岁盲女蕾蕾的生活际遇为主线,讴歌了残疾少年自强自主的精神和伟大无私的母爱,同时也呼唤社会各界对残疾人和残疾人世界的理解、关怀和支持。		
教学重点	能用优美、自然的声音演唱歌曲《爱的人间》		
教学难点	唱准歌曲中的弱起节奏、附点节奏		

	教 学 过 程		
教学环节	师生活动	学生活动	设计意图
情境导入	教师有感情地介绍歌曲的创作背景——电视剧《光明的世界》的故事情节。(背景音乐《爱的人间》)		激起学生的情感共鸣
赏析实践	一、初听歌曲,感受歌曲的音乐情绪 教师:同学们!电视剧《光明的世界》中的主人公蕾蕾为了感谢大家对她的关怀和帮助,特别为大家献上一首歌曲《爱的人间》,请仔细聆听,听完后说说歌曲的情绪是怎样的?	学生:抒情的、感人的倾听	了解歌曲结构和每个乐段的情绪,为学唱歌曲做好铺垫
	二、再次聆听歌曲,分析歌曲结构 教师:听听这首歌曲可分为几个乐段,每个乐段的音乐情绪是怎样的?(第一乐段优美抒情,像是盲童诉说着自己对美好生活的憧憬;第二乐段情绪激动,表达了主人公对美好愿望的呼唤;第三乐段是第一乐段的重复)	边听边分析歌曲结构	通过学生已有的音乐知识技能($\frac{4}{4}$拍的指挥手势)为歌曲划拍的过程中了解、熟悉歌曲中的弱起、附点节奏、休止符,为解决教学难点做好铺垫
	三、教师有感情地范唱歌曲 教师:老师想请大家一起合作来表现这首歌曲,我来演唱,请你们和着音乐的节奏划拍。		

	四、学唱第一乐段 1. 学生跟着音乐对口型第一乐段 (要求:正确的坐姿、唱准节奏) 2. 教师唱歌谱 3. 师生接龙演唱歌曲的第一乐段 4. 歌曲处理 教师:用怎样的声音和力度演唱才能表达这个乐段的音乐情绪? (教师引导学生说出用轻柔、连贯的声音,中弱〔mp〕的力度来演唱) 5. 教师伴奏,学生完整地、有感情地演唱第一乐段	对口型默唱 学生唱词 学生:柔和的、抒情的 …… 完整演唱第一乐段	运用聆听、模仿、表现的方法,学唱歌曲、熟悉歌曲
	五、学唱第二乐段(有两段歌词) 1. 学生跟着范唱学习第二乐段 要求:找出两段歌词中旋律有变化的小节。 第一处: 6. 66 6.3 | 2 21 2 0 | 总 有温柔的 话 送耳旁, (6 6 6 6 5 6 3) 长大的还有我 的 坚 强, 第二处: 5 — — — | 上。 (5 — — —) 光。 2. 教师唱歌谱,学生唱词 3. 师生接龙唱 4. 歌曲处理 教师:用怎样的声音和力度演唱才能表达这个乐段的音乐情绪,并同歌曲的第一乐段形成情绪上的对比?(教师引导学生用激昂的情绪、"f"的力度演唱歌曲)	对口型默唱的同时找出旋律有变化的小节 重点练习第二乐段一字多音处 完整演唱第二乐段	通过处理歌曲,让学生更深层次地理解歌曲、表现歌曲

(续表)

	5. 教师伴奏,学生完整地、有感情地演唱第二乐段		
表演评价	六、学唱第三乐段 1. 学生跟着范唱学唱第三乐段(要求:对比第一乐段,引导学生找出第一、三乐段相似和不同的地方:倚音、歌曲结尾) 2. 教师讲解歌曲结尾 学生找出不同处后,教师讲解:最后的结尾是作曲家一个小小的作曲技巧,有意为这段音乐加了个小尾巴,使整段音乐给人完整结束但又意犹未尽的感觉 3 2 1 2 6 0. 6 ‖6 5 0 1 3 2. 2 ‖1. 2 1. 1 — ‖2. 1. 1 6‖ 红花绿草, 表 听到 小鸽子 的 歌唱。 歌唱, 我 6 5 0 0 0 ｜1 3 2. 2 2 1 ｜1 — — — ｜1 — 0‖ 听到 小鸽子 的歌唱。 3. 处理歌曲结尾 教师:怎样演唱歌曲结尾才能把意犹未尽的感觉唱出来? 4. 教师伴奏,学生完整地、有感情地演唱第三乐段	对口型默唱第三乐段。对比第一乐段,引导学生找出第一、第三乐段相似和不同的地方分组讨论完整地、有感情地演唱第三乐段学生:用渐慢的速度、渐弱的力度来演唱	成果展示,提升认识
	七、教师伴奏,学生完整地、有感情地演唱整首歌曲		

(续表)

拓展延伸	一、教师讲解三段体结构 教师:通过学唱这首歌曲,我们发现歌曲的第一乐段和第三乐段是基本相似的。这种前后乐段旋律相似,中间乐段旋律不同的曲式结构,我们把它叫作三段体结构,用"ABA"表示。这首歌曲是典型的三段体结构		让学生了解三段体曲式结构,拓展音乐知识
	二、为歌曲设计多种演唱形式(领唱、轮唱、齐唱) 1. 分组讨论:第一乐段领唱,第二乐段齐唱,第三乐段轮唱,歌曲结尾齐唱。(学生的想法:他们认为第三乐段非常适合用轮唱,感觉此起彼伏的声音就像越来越多的人伸出手来帮助弱势群体,献出自己的爱心) 2. 练习轮唱,注意两个声部的和谐 3. 教师指挥,学生用不同的演唱形式完整有感情的演唱歌曲	分组讨论,为歌曲设计多种演唱形式	
	三、课堂小结 教师:同学们!我从你们的歌声中感受到了真情的流露,只要我们心中有爱,就会有无数只手来帮助我们;只要我们心中有爱,我们就会伸出自己的双手帮助别人。同学们,让我们把爱洒满这"爱的人间"	分组练习轮唱。用不同的演唱形式完整地、有感情地演唱歌曲	通过不同的演唱形式来表现歌曲、巩固歌曲,培养学生合作学习能力

教案三:

课题	《地球是个美丽的圆》(人音版五年级下册)	课时	1
课型	唱歌综合课	教具	课件、电子琴
教学内容	学唱歌曲《地球是个美丽的圆》		
教学目标	1. 能够用不同的情绪演唱歌曲,感受歌曲和平共进的友谊之爱。 2. 用听唱法、划拍等方式来记忆歌曲、学唱歌曲。 3. 能用亲切、欢快的声音演唱歌曲《地球是个美丽的圆》。了解歌曲的结构,尝试用说唱的演唱形式来表现歌曲。		
教材分析	歌曲《地球是个美丽的圆》为1999年首届中国上海国际艺术节节歌,是一首从众多应征歌曲中脱颖而出的富有时代气息的优秀作品。歌曲采用4/4拍,二段体结构,两个乐段分别由四个乐句组成,歌曲表达了人类在同一阳光下为共同的艺术牵手,共织艺术花环的情谊。		
教学重点	能用亲切、欢快的声音演唱歌曲《地球是个美丽的圆》		
教学难点	唱准歌曲中一字一音、一字多音;大跳音程、转调部分的音准		

教学环节	师生活动	学生活动	设计意图
情境导入	一、教师介绍首届上海国际艺术节 二、播放一段艺术节视频,背景音乐是《地球是个美丽的圆》	学生观看	激起学生的情感共鸣
赏析实践	一、介绍歌曲《地球是个美丽的圆》创作背景 教师:歌曲《地球是个美丽的圆》是首届上海国际艺术节节歌,我们一起来听听这首歌曲的音乐情绪是怎样的?	学生:优美抒情、欢快活泼……	了解歌曲结构和每个乐段的情绪,为学唱歌曲做好铺垫
	二、再次聆听歌曲,分析歌曲结构 教师:听听这首歌曲可分为几个乐段, 每个乐段的音乐情绪是怎样的?(师生共同总结:分为两个乐段,第一乐段优美抒情,第二乐段轻快活泼)	学生分析歌曲结构	
	三、学唱第一乐段(四个乐句) 1. 聆听第一乐段 (第一乐句和第三乐句完全相同,第二乐句和第四乐句基本相同) 2. 在教师琴声的伴奏下, 学生视唱歌曲的前面八小节曲谱 3. 教师伴奏, 学生试唱第一乐段歌词 4. 请学生评价,教师总结 教师:要唱好歌曲要做到气息流畅、声音优美和情绪饱满 5. 教师引导学生用充足、连贯的气息,轻松、自如的声音演唱第一乐段	找出相同的乐句 视唱歌曲前面八小节曲谱 试唱第一乐段歌词	唱准切分节奏和大跳音程,提高识读乐谱的能力

四、学唱第二乐段 1. 聆听第二乐段，对比歌曲黄色部分旋律和粉色部分的旋律、音高、情绪的变化 	对比歌曲黄色部分的旋律和粉色部分的旋律、音高、情绪的变化	
2. 教师引导学生分析发现：第二乐段的1—10小节（黄色部分）和第11—23小节（粉色部分）旋律基本相同，但是粉色部分比黄色部分的音调要高一些，在情绪上粉色部分比黄色部分更具有朝气和活力，这种音乐变化称之为——转调		
3. 教师简单介绍转调：转调就是从某一个调到另一调的变换。转调可以丰富乐曲的表现力，使乐曲在力度和色彩上增加变化，并在发展乐思、构成曲式方面起重要的作用		
4. 教师伴奏，学生试唱第二乐段黄色部分的歌词	试唱第二乐段黄色部分的歌词	
5. 练习转调部分的旋律	练习转调部分的旋律	

(续表)

表演评价	6.教师伴奏,学生试唱第二乐段粉色部分的歌词	试唱第二乐段粉色部分的歌词	
	7.歌曲处理 教师:怎样唱才能表现出这两部分在情绪上的变化?(师生共同总结:通过力度的变化来表现,在黄色部分用 mf,粉色部分用 ff)	学生:渐强……	
	8.教师伴奏,学生完整演唱第二乐段歌词	完整演唱第二乐段歌词	
拓展延伸	五、教师伴奏,学生完整演唱整首歌曲(注意唱好歌曲的三大要素:气息、声音、情绪) 一、教师表演一段 rap(是用歌曲第二乐段歌词改编的),让学生猜一猜属于哪种演唱形式? 二、教师介绍说唱(rap) 三、教师加快速度将 rap 再表演一遍 四、教师指导学生练习 rap,肢体随节奏自由摆动 五、教师:想把说唱加在歌曲的什么地方比较合适? 六、教师带学生完整表演 教师:把 rap 加进歌曲中,有什么感受?(师生共同总结:使听者有兴趣,唱者有激情) 七、课堂小结: 教师:同学们!音乐是不分国界的,地球上的每个角落都流淌着音乐,让住在地球村的每一个人牵起手,共织艺术的花环,共织友谊的花环!(在《地球是个美丽的圆》的歌声中下课)	完整表演	成果展示提升认识

第三章

奏 | 出 | 美 | 妙 | 的 | 音 | 乐

　　器乐教学是音乐教育的重要内容。随着对音乐教育研究的深入，人们越来越深刻地认识到器乐教学对提高学生的音乐素质和培养完整人格的重要作用。哲人歌德说得好："谁不热爱音乐，就不配称作人。谁热爱音乐，还只是半个人。谁去奏乐，才是一个完整的人。"所以，"奏乐远比听乐更好"早已成为音乐教育的座右铭。美国当代音乐教育心理学家墨塞尔说："器乐教学可以说是通往更好体验音乐的桥梁。事实上，它本身就是一个广阔的音乐领域，在这个领域内，它为我们的音乐教学提供了独特而令人高兴的音乐教育价值和效果的可能性。儿童们充满喜悦的心情，在教师的指导下，一定能将这种可能性变成自己的东西。"当今世界上公认的先进的中小学音乐教学法，如德国的"奥尔夫教学法"、美国的"综合音乐感教学法"等都将器乐教学作为重要内容，而日本的"铃木教学法"则本身就是儿童器乐教学法。铃木先生认为，所有的儿童都可以学好音乐，提高综合素质，而学好音乐则应从学习乐器入手。

第一节　器乐教学在音乐教育中的意义

一、器乐教学的根本目的是进行审美教育

乐器对学生有很大的吸引力，他们对学习乐器的渴望和热情，以及在学习和演奏乐器时所获得的欢乐超出我们的想象。用乐器演奏出美妙的音乐，让学生获得成功的体验，很有成就感，继而能引发学生学习音乐的浓厚兴趣。尤其是嗓音条件不好的学生，在唱歌活动中无法获取成功的体验，器乐学习无疑给他们增加了成功的机会。在"玩"乐器的过程中感受丰富的艺术形象，唤起学生的情感和共鸣，使学生在愉快的气氛中，在玩乐的过程中主动接受音乐的陶冶，获得美好的感受，激发他们学习音乐的兴趣和信心。形成更多元、更开放的审美体验。从而促使他们审美心理结构的完善和身心健康的发展。

有一点值得注意的是，普通学校的音乐教育中的器乐教学不是专业教育，它的目的不是培养演奏家，而是通过器乐学习进行审美教育。很多教师没有从真正意义上认识到这一点，只是一味地以提高演奏技术为目的，进行过多枯燥的、机械性的训练，让学生去参加各种比赛和表演活动。在这种

情况下能够坚持下来的学生只有很少的一部分，器乐教学就这样变相为专业教育，精英教育，导致大部分学生失去了学习器乐的兴趣和机会。

二、器乐教学是培养学生音乐素质的有效途径

国内外中小学音乐教育心理学的研究成果表明："器乐教学的本质是教儿童通过乐器来表演音乐，器乐教学实际上教的是音乐，而不是乐器。"器乐教学是使学生更好地感受、理解、表现、创造音乐的桥梁，有利于学生掌握音乐文化，提高其音乐文化素质。器乐教学有其内在的科学性、系统性。在循序渐进、系统的训练过程中扩大知识的应用范围，促进知识迁移。能提高学生识谱、视奏、视唱能力，使学生较好地获得节奏感、音高感、和声感等音乐能力，并体验到音乐要素在表现音乐情感、风格的作用，加深对音乐知识的理解，在听觉上更加有效地建立"多声部"观念。从而更深刻、准确地感受和表现音乐艺术。

三、器乐教学可促进多种思维协调发展

演奏乐器是一种全方位的音乐活动，是口、眼、耳、手、脑的多种器官的协调动作。特别是在合奏的过程中，不同的声部演奏不同的旋律、节奏，最后合作完成一首完整的乐曲，这对促进思维的多向性有很大的作用。

苏联教育家苏霍姆林斯基说过，"儿童的智力发展在手指

尖上"。研究表明：手指的活动越频繁，其灵敏度就越高，有利于促进孩子大脑的思维活动，使其智力得到发展。手的灵敏运动，能够使大脑的一定区域得到训练，所以动手与动脑是紧密联系的。在这个过程中，一方面,脑的活动(表象)纠正手的操作，另一方面，手的操作也往往修正脑的活动，从而使成品越来越细，人也变得心灵手巧。(温寒江《全面深入改革传统教育,培养创新能力》)所以器乐教学不仅是使学生获得一种技能增加一条审美的途径，更是发展学生思维能力的重要方式。

第二节　器乐教学需要注意的几个问题

一、器乐教学要有明确的指导思想

中小学音乐课上进行器乐教学的主要目的是：通过学习乐器演奏，培养学生学习音乐的兴趣及对音乐的感受和表现能力，从中受到审美教育。换句话说，我们教的是音乐，而不是乐器。所以，我们从一开始就要注重培养学生对音乐的兴趣、爱好，全面提高学生的音乐能力。其实，器乐教学的本质还是音乐欣赏，是通过演奏使自己欣赏到悦耳的音乐，同时也让别人欣赏自己精彩的演奏，获得成功的体验。演奏是欣赏的深化，反过来欣赏又能促进演奏水平的提高。器乐教学和欣赏教学有机结合，通过欣赏教学来推动器乐教学，依靠器乐演奏(二度创作)加深音乐的体验。学生被乐器演奏的美好音乐所感动、吸引，从而跃跃欲试，会产生自己去学习掌握某种乐器的愿望，而练习演奏的过程正是反复体味音乐的过程，一旦学生能够自己演奏喜爱的乐曲，必然会给他们带来无限喜悦，这里有创造、有表现、有感受、有体验，这种喜爱音乐的情感会影响学生的终生。

二、防止器乐教学进入纯技巧训练的误区

(一) 注重对乐曲的感知

很多教师认为器乐教学就是为识谱教学服务的，所以一上课就解决识谱、演奏技巧，然后就直接练习演奏。笔者的做法是：教师首先范奏，学生欣赏聆听，这样可以和学生有情感上的交流，视、听结合对学生的感染力比录音效果要好很多。通过教师生动的范奏引导学生去分析、感知音乐，从中获得审美感受。学生带着对乐曲的情感体验去学习演奏乐曲，可起到事半功倍的效果。

(二) 器乐教学要循序渐进

器乐教学要有一个长远的计划，不能急于求成，一定要注意循序渐进。教学要从简到繁，难点分散，不可因强制或机械式的训练影响学习兴趣。目前的中小学器乐教学的发展虽然远比从前要好很多，但还未形成完整的体系，仍存在很多问题。因此，我们的器乐教学要因地制宜，稳步前进，不能要求过高过急。

(三) 正确处理器乐教学与演奏技巧的关系

器乐演奏是个非常复杂的技术活，要想真正掌握它确实不容易。我们要明确，器乐教学只是让学生掌握最基本的演奏技巧，不能要求过高，切勿使学生产生畏难情绪。当然，也不是说难度高一点的演奏技巧我们就完全不学，可以随着学生兴趣程度和学习情况来定，在适当的时候逐步加深演奏

技巧的难度。传统的教学方法总是把演奏技巧当作机械的训练反复练习，如孤立地练习各种指法、音阶等。科学的方法应该是把这些技巧结合在音乐之中，在感受音乐的同时指导学生解决这些技巧问题。

第三节 学校基础器乐教学概述

学校的器乐教学形式一般有两种形式：一是全校性的，即全校或全年级"人手一件"乐器，按正常的教学课时进行；二是社团性的，即对部分学生进行课外指导和训练。从普及中小学音乐教育的角度来看，全员性地开展器乐教学的意义更为重大。我们完全可以在普及器乐教学的基础上，开展社团器乐教学，将普及与提高有机结合起来。在这里，我们主要研究全校普及的器乐教学。笔者将从基础器乐教学和特色器乐教学两方面来进行详细介绍。

在国内的中小学音乐教育教学中，器乐教学一直都没有像唱歌教学那样得到同等地位的普及。在很多地区和学校，器乐教学成了可有可无的教学内容。究其原因，除了对器乐教学缺乏正确的认识外，主要是没有形成系统的教学模式，常常是开了个好头，但遇到了困难（主要是演奏技巧）后就裹足不前，最后的结果就是半途而废。

音乐教育的理想乐器，首先在于演奏技术的简易，使学生人人易学、能用。目前进入校园的"奥尔夫乐器"就具有演奏简易、音质优美、性能卓越、组合丰富多彩等优点，非常适合初学乐器的学生。奥尔夫曾说过，应当让孩子们通过演奏他们"自己的乐器"(奥尔夫乐器)，使他们尽早、尽快地掌握音乐，然后当条件成熟之后，立即转去学习一门专门的乐器。事实证明，"奥尔夫乐器"是一个再好不过的乐器学习的前阶。奥尔夫乐器的神奇之处在于，从感性入手，潜移默化地感知音乐的结构和展开，使学生从一开始接触音乐教育就得以深入到音乐整体的结构中去，并亲身参与演奏去体验音乐的丰富。

我们用得最多的、也是最常见的奥尔夫乐器有两类：无音高打击乐器、有音高音条乐器。无音高打击乐器既有敲奏、拍击发声的木鱼，三角铁，鼓类等，也有摇动、刮擦发声的铃鼓，刮弧，镲等。有音高音条乐器也被称为有音高的打击乐器，包括钟琴、木琴、钢片琴等。各校可根据自己的情况进行选用，也可用某些类似的乐器替代，如自制乐器等。这些打击乐器非常适合孩子们学习，原因如下。

1. 打击乐器最宜突出节奏，有利于做到"节奏第一"。

2. 音色鲜明、富有个性，宜于激起学生的想象力和学习兴趣。

3. 避免演奏技术的负担，不存在音准、指法的困扰，利于学生从音乐本能出发作即兴的演奏，这比一开始就去学钢琴、小提琴等要容易得多。

奥尔夫说："象征性地说，开始演奏时就像小孩子玩沙箱一样！现在，不管这个沙箱正巧是一架木琴、一架钟琴，还是一套锣，都是一样的。"孩子玩沙箱时是用不着别人教的，他想怎么玩就怎么玩。同样的道理，演奏乐器也应该让学生自己去进行，尝试各种奏法，听一听会发出哪些不同的声响，教师应该提供机会让学生去发现和发明。这一点说起来容易，真正做起来却是很难的。需要教师有计划、有耐心地去引导学生，这是一个长期的过程。

笔者的器乐教学是从让学生"玩"乐器开始的，让学生随意敲击乐器，教师不去强制学生敲什么、怎样敲，没有技术上的要求，只要他在敲，随意敲任何音，目的是保护和培养学生对乐器学习的兴趣，一定不要让学生从一开始就对乐器学习产生惧怕或厌恶的心理。

教学范例一：

1. 师生围坐成一圈，圆圈中放置各种奥尔夫打击乐器。

2. 学生自选某一乐器，尝试不同的打击方法，探索不同的音响效果。

3. 教师和学生一起总结：同样的乐器用不同的演奏方法，会产生不同的音响效果。如敲奏、闷奏、刮奏等。

4. 学生每人一件打击乐器，根据教师的手势，练习开始与结束、渐强与渐弱、渐快与渐慢等游戏。

5. 请学生自创指挥动作，事先跟大家沟通好：什么动作代表什么意思，这样大家才能配合好。

教学说明：引导学生大胆地去尝试、探索这些乐器的演奏方法，学习听辨不同的奏法产生不同的音响效果，并通过看指挥手势练习开始与结束、渐强与渐弱、渐快与渐慢等游戏，来感知和熟悉这些打击乐器的演奏。

教学范例二：

1. 学生坐在地上围成一个大圆圈，如果学生数较多可围成两个圆圈。每人面前一件铝板琴或其他音条乐器。

2. 教师讲游戏规则：我们来玩一个"看谁反应快"的游戏，每一轮由一个学生开始演奏后，其余的同学都要按照他的演奏方式演奏，如单手演奏、双手演奏、刮奏等。至于演奏什么样的音和节奏大家可以随意演奏。注意：不管谁先停下来，大家也要跟着他停止演奏。

3. 教师可先示范几次，然后放手让学生玩。

教学说明：教师不指定谁先开始演奏，谁先停下来，这样的话，就给了每个学生平等的机会，在这个集体中，每个人既可当主角，又可当配角，学生的注意力会相当集中，必须去关注整个集体，并与其他人配合默契。同时看似随意的多样化演奏也培养了学生的创新能力。

教学范例三：

节奏型：

XX XX X　　XX ｜ XX XX X XX ｜

XX XX XX　XX ｜ XX XX X XX ‖

1. 教师先以四分音符为一拍击掌带学生练习节拍至熟练。

2. 引导学生用渐强或渐弱的力度拍击节奏。

3. 引导学生用渐快或渐慢的速度拍击节奏。

4. 选择合适的乐器(碰铃、串铃、双响筒、节奏棒等)练习节奏。

5. 引导学生在走动中演奏，注意不与他人相撞。

教学说明：这个游戏从渗透节奏的力度和速度入手，通过听辨、模仿、探索、尝试的方式，为更有效地开展器乐教学做好心理和技能准备。

教学范例四：

1. 用铝板琴或木琴为歌曲旋律伴奏。伴奏音型为单音 do（固定低音）。

2. 请学生谈谈伴奏的感受。

3. 单音伴奏过于单调。引导学生讨论其他的办法来丰富伴奏。

4. 经讨论后总结：用变换力度和音区（高八度或低八度）的方式来丰富伴奏。

5. 教师介绍"波尔动"：即用两个音交替演奏，最常见的是"五度波尔动"（do 和 sol）。

6. 教师引导学生练习用"波尔动"为歌曲伴奏。

教学说明：上述"固定低音""波尔动"等伴奏方式，演奏都比较简单，变化不多，很适合孩子演奏，这在学生的乐器前阶学习过程中是很重要也是很有意义的一个环节。

教学范例五：

1. 学生从教师提供的节奏中挑选四个小节，构成一段节奏谱。

如：$\frac{4}{4}$ XX X X 0 ｜X X XX 0 ｜X 0 X 0 ｜0 X 0 X ‖

2. 学生读熟这段节奏谱(在休止符处加上响指)。

3. 呈示二声部节奏谱。

$\frac{4}{4}$ ‖: XX X X 0 | X X XX 0 | X 0 X 0 | 0 X 0 X :‖

0 0 0 XX | 0 0 0 XX | 0 XX 0 XX | XX 0 XX 0 :‖

4. 合读二声部节奏谱。

5. 一声部选择音条乐器,二声部选择打击乐器(串铃、木鱼等),任意选一个单音按节奏合作演奏。

教学说明:通过不同乐器的组合效果,培养训练学生的节奏感及多声部音乐意识、合作意识,激发学生的演奏欲望,提高学习音乐的兴趣。

教学范例六:

德国歌谣《宝宝》(固定音型伴奏训练)

1=C $\frac{4}{4}$ 5 3 5 5 3 | 5 5 3 5 5 3 |

　　宝 宝 小 宝 宝, 做 面 包, 烤 面 包,

　　5 5 3 3 5 3 | 5 5 3 3 5 3 ‖

　　留 心 不 要 烤 焦, 好 让 我 们 吃 饱。

1. 在唱熟这首歌曲的基础上,将学生分为两大组(声势组和乐器组),在教师引导下分别为这首歌谣创编固定音型。

2. 展示伴奏音型:

旋　律:5 3 5 5 3 | 5 5 3 5 5 3 |

三角铁:X 0 X 0 | X 0 X 0 |

铝板琴:3 1 3 1 | 3 1 3 1 |

木　琴：<u>56</u>　<u>51</u>　<u>56</u>　<u>51</u>　|　<u>5　6</u>　<u>5　1</u>　<u>56</u>　<u>51</u>　|

旋　律：<u>55</u>　<u>33</u>　5　　3　　|　<u>5　5</u>　<u>33</u>　5　　3　　‖

三角铁：X　　0　　X　0　|　X　　0　　X　　0　　|

铝板琴：3　　1　　3　1　|　3　　1　　3　　1　　|

木　琴：<u>56</u>　<u>51</u>　<u>56</u>　<u>51</u>　|　<u>56</u>　<u>51</u>　<u>56</u>　<u>51</u>　‖

3. 引导学生分析后练习。先练习分奏再练习合奏。

教学说明：

1. "固定音型"源于意大利文"Qstinato"，原为"顽固"之意，在许多中文翻译中常见于使用"顽固节奏""顽固伴奏""顽固低音"之说。"固定音型"是指一个音乐动机或小乐句（4—8小节），不断重复贯穿于一段音乐或全曲。固定音型的运用最大的优势就是避免让节奏变化太频繁、复杂，使之用起来更容易掌握和记忆。因此，它非常适用于学校音乐教学，尤其适用于低段的学生。因此，在学校音乐教育中，选择和编配固定音型时，要注意互补性、适宜性和丰富性。

2. 三种乐器可采用先轮奏再合奏的方法进行练习。反复练习时，可更换乐器的顺序。铝板琴、木琴采用两人合用一台，每人必须均有一对琴槌，有益于培养学生的合作能力，促进孩子左右脑的协调发展。

教学范例七：

卡农与乐器演奏《叮咚》

1=C $\frac{4}{4}$ 0 0 0 0 | $\overset{\centerdot}{1}$ 5 6̲6̲6̲6̲ 5 | 3̲3̲3̲3̲ 2̲3̲ 1̲1̲ 5 |

叮咚 的格的格 咚，的格的格 咚铃 铛摆动

木块 x̲x̲x̲x̲ | x 0 x   0 | x   0 x 0 |

木琴 3̲2̲1̲2̲ | 3̲ 2̲   1̲ 2̲ | 3̲   2̲   1̲ 2̲ |

铝板琴 1̲1̲2̲2̲3̲3̲5̲5̲ | 1̲1̲ 2̲2̲   3̲3̲ 5̲5̲ | 1̲1̲   2̲2̲ 3̲3̲ 5̲5̲ |

1. 教师引导学生轮唱卡农练习：学生分成三组，进行间隔一小节(或两小节)的连续卡农轮唱。(木块的节奏可用弹舌表示)

2. 学生围成圆圈，分三组练习各自的节奏型。(边唱边奏)(可两人合奏一台琴)

3. 练习一：学生分成两组（每组都有木块、木琴、铝板琴），两组错开四小节，进行二声部的边奏边唱的连续卡农。

练习二：学生分成三组（每组都有木块、木琴、铝板琴），三组错开两小节，进行三声部的边奏边唱的连续卡农。

练习三：学生分成三组（每组都有木块、木琴、铝板琴），三组错开一小节，进行三声部的边奏边唱的连续卡农。

4. 根据学情而定，以上步骤如果能够熟练操作，就可以进行这一步。由木块开始前奏两小节→加入木琴两小节→加入铝板琴两小节→三种乐器错开一小节进行三声部卡农。

教学说明： 从循序渐进的单个声部的旋律练习到三个声部的叠加演练，我们通过这样多层次的声部训练，逐步建立学生的多声部意识，培养学生的多声部能力。

第四节　学校特色器乐教学

"大弦嘈嘈如急雨，小弦切切如私语。嘈嘈切切错杂弹，大珠小珠落玉盘"。一首《琵琶行》听得人如痴如醉，美哉！一首吉他名曲《爱的罗曼史》优美淳朴、清新脱俗，拨动了听者情感的心弦，唤起了许多人失去的热情和浪漫。你们知道吗？这两首乐曲是由同一种神奇的乐器演奏出来的，这件神奇的乐器名字叫作鸣鸠琴。鸣鸠琴何许乐器也？

今天在这里介绍的特色乐器是"鸣鸠琴"，曾用名"中华小四弦"。是根据教育部"十三五美育"工作指引，以中华优秀传统文化的传承发展为主旨，贯彻创造性转化和创新性传承的原则，是针对我国中小学音乐教育的特点而设计的一种创新性的教育乐器，同时也是专业演奏乐器。它既有民乐琵琶与中阮的外形又兼顾吉他、尤克里里等乐器的音色。它凝聚着中华民族弹拨乐器之"形"与"魂"，蕴涵着中国人的文化自觉与自信。鸣鸠琴入门简便，易懂易学，深造有道，体型精小，携带方便，亲和力强；它可用于弹唱、伴奏，又可独奏、合奏；可诗情画意，又能热情奔放；既适合轻吟浅唱，又适合炫技造极，具有很强的表现力，真是一件不可多得的好乐器。

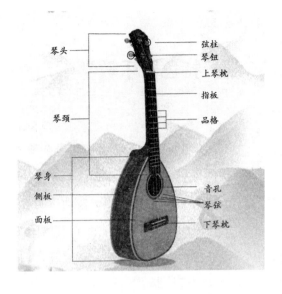

琴头 —— 弦柱
        琴钮
      —— 上琴枕
      —— 指板

琴颈 —— 品格

琴身 ——
侧板   音孔
面板   琴弦
      —— 下琴枕

鸣鸠琴的设计充满中华民族元素，蕴含了丰富的中华传统艺术底蕴。琴头，音孔，琴马的造型犹如三朵祥云，互相呼应。梨形的共鸣箱外形线条流畅，音色委婉动人，极具中华民族乐器的典雅气质。正是因为鸣鸠琴的"民族味"，我们用它弹民歌、唱民歌、弹古诗、唱古诗，中国人的文化、情感用中国人的乐器——鸣鸠琴表现出来是非常契合的。学习鸣鸠琴后，我们欣喜地看到，鸣鸠琴成为孩子们学习民族音乐的一扇窗户，它在音乐课堂中生根发芽，我们把学习的鸣鸠琴的知识活学活用，从弹唱最简单、有趣的童谣开始，借由孩子们喜欢的形式，由少到多、由慢到快、循序渐进、坚持到底，在激发和培养孩子们的兴趣的同时，慢慢向孩子们渗透传统音乐文化，让我们的学生爱上民族音乐，传承中国文化。

让我们一起和孩子们"悦动"鸣鸠琴，唱着中国文化给世界听，世界因你而动听！

一、鸣鸠琴的演奏教学

（一）弹奏姿势

初学者可以使用坐着持琴的姿势弹奏。把琴身底部支撑在大腿上，依靠右手手臂和肘部、身体胸部将鸣鸠琴琴身固定住，右手手臂搭在琴箱后部上方自然下垂，保持放松状态，手指自然弯曲，手掌与琴面平行，掌心置于四根线中间。左手手腕、手指和小臂都要放松，不要完全用虎口托琴颈，也不要把琴颈握的过紧，大拇指关节轻贴琴颈后背，以此保持琴的支持和平衡，琴头保持向上倾斜，确保腕关节能够灵活活动。

（二）拨弦

演奏时，左手按弦配合右手拨弦，拨弦的方式多种多样，这里主要运用拨片来拨动琴弦。用右手拇指和食指捏住拨片，用拨片的尖头轻轻拨响琴弦。在拨弦时，右手保持握拳姿势，运用手腕的力量转动拳头，拨响琴弦。

（三）鸣鸠琴的弦与品

鸣鸠琴通常使用 A 调定弦，四根弦分别定音为：

第一弦=e1，第二弦=a，第三弦=e，第四弦=A

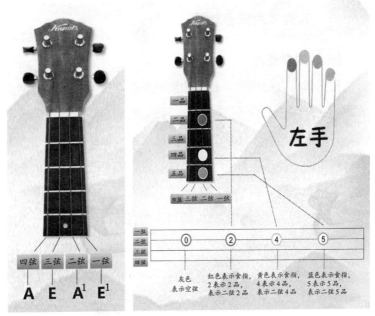

注：空弦即琴弦没有被手指按住的状态

四根弦的 C 调唱名即为平行八度的 "mi la mi la"。

鸣鸠琴的四根琴弦，从左往右是四弦、三弦、二弦、一弦。

四弦空弦的音为：C，三弦空弦的音为：G，二弦空弦的音为；C1，一弦空弦的音为：G1。

(四) 认识演奏图谱

鸣鸠琴使用的是通俗易懂的四线谱，并在手指上标注了不同的颜色，在四线谱上也用与指法相对应的颜色，这种彩色演奏图谱让学生对演奏的指法一目了然，非常便于学生迅速地找到音的位置。

（五）初学弹与唱

1. 基本练习

（1）和老师一起练习拨弦：

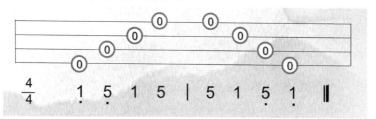

（2）弹一弹，练一练：

1=C $\frac{2}{4}$ $\underline{1\ 3}$ 5 ｜ $\underline{5\ 3}$ 1 ｜ 1 3 ｜ 5 － ｜ 5 3 ｜ 1 － ‖

（3）填一填：

请在下面的四线谱上画出 1、3、5 三个音。

2. 歌曲弹唱（见下列各图）

1.《乃哟乃》

土家族儿歌

1=A 4/4

5 3 5 | 5 3 1 | 5 5 | 5 3 1 | 5 5 5 |
乃 哟 乃 乃 哟 嗬， 乃 哟 乃 哟 嗬。唱 起 歌 儿

5 3 5 | 5 3 1 | 5 5 | 5 3 1 | 5 3 1 |
乃 哟 乃 乃 哟 嗬， 跳 起 舞 来 真 快 乐，乃 哟 嗬。

1 1 5 3 | 1 1 3 | 5 3 1 |
嘻 嘻 哈 哈 乃 哟 乃 乃 哟 嗬。

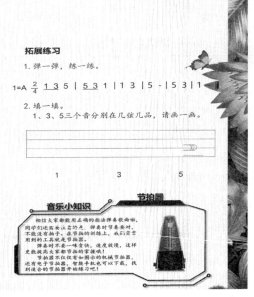

拓展练习

1. 弹一弹，练一练。

1=A 2/4 1 3 5 | 5 3 1 | 1 3 | 5 - | 5 3 | 1

2. 填一填。

1、3、5三个音分别在几弦几品，请画一画。

        1   3   5

音乐小知识

节拍器

相信大家都能用正确的指法弹奏曲目啦，同学们还需要注意的是，弹奏时节奏准确，不能没有节拍子。在节拍的训练中，我们常常用到的工具就是节拍器。

弹奏时不要一味贪快，速度放慢，这样更能提高大家都节拍的掌握哦！

节拍器不仅仅有如图示的机械节拍器，还有电子节拍器，智能手机也可以下载，找到适合的节拍器开始练习吧！

2.《牧童谣》

1=A 4/4   湖北民歌

```
5 5  5 5  6 - | 5 5  5 5  3 - |
```

1. (问) 那 斯 那 斯 嗨，   那 斯 那 斯 嗨，
2. (答) 那 斯 那 斯 嗨，   那 斯 那 斯 嗨，
3. (问) 那 斯 那 斯 嗨，   那 斯 那 斯 嗨，
4. (答) 那 斯 那 斯 嗨，   那 斯 那 斯 嗨，
5. (合) 太 阳 放 光 明，   草 儿 分 外 青，

```
3 5  6 5  3 6  3 5 | 3 3  3 3  2 - ‖
```

1. 天 上 什 么 放 光 明？   那 斯 那 斯 嗨，
2. 天 上 太 阳 放 光 明，   那 斯 那 斯 嗨，
3. 地 上 什 么 青 又 青？   那 斯 那 斯 嗨，
4. 地 上 草 儿 青 又 青，   那 斯 那 斯 嗨，
5. 牧 童 喜 欢 青 草 地，   更 爱

拓展练习

选择你喜欢的打击乐器为歌曲伴奏，并编创伴奏图谱，和同伴们合作演奏吧！

1=A 4/4
```
5 5  5 5  6 - | 5 5  5 5  3 - |
```

```
3 5  6 5  3 6  3 5 | 3 3  3 3  2 - ‖
```

3.《 ___ 》

1=A 2/4

佚名词曲

猜谜语：两根触角细又长，身穿一件花衣裳，
百花丛中采花忙，好似漂亮小姑娘。

拓展练习

弹一弹，填一填，画一画。
观察图谱，思考1-i音阶的全半音关系。

4.《 虫儿飞 》

林 夕词
陈光荣曲

1=A 4/4

‖: 3 3 3 4 5 | 3 - 2 - | 1 1 1 2 3 |

1. 黑黑的天空 低 垂, 亮亮的繁星
2. 天上的星星 流 泪, 地上的

3. 7 7 - | 6 3 2 - | 6 3 2 - | 6 3 2. 1 |

相 随。 虫儿飞, 虫儿飞, 你在思念
枯 萎。 冷风吹, 冷风吹, 你在思念

1 - - - :‖ 6 3 2. 1 | 1 - - - | 0 0 3

谁? 只要有你 陪 虫

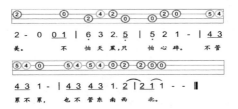

2 | 5 4 3 | 3 2 2 - 5 4 | 3 4 5 5 3

儿 飞, 花儿睡, 一双又一对

2 - 0 0 1 | 6 3 2. 5 | 5 2 1 - | 4 3

美。 不怕天黑, 只 怕心碎。 不管

4 3 1 - | 4 3 4 3 1. 2 | 2 1 1 - - ‖

原不累, 也不管东南西 北。

拓展练习

与同伴讨论,下列小节如何弹奏更顺畅。

1=A 4/4   3. 7 7 - |

1.《咏 鹅》

骆宾王 词
蓉 生 曲

1=A $\frac{2}{4}$

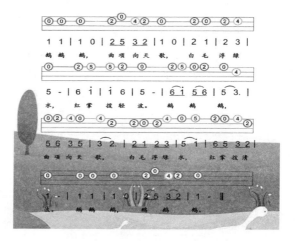

1 1 | 1 0 | 2 5 3 2 | 1 0 | 2 1 | 2 3 |
鹅 鹅 鹅， 曲 项 向 天 歌， 白 毛 浮 绿

5 - | 6 1 | 1 6 5 - | 6 1 5 6 | 5 3. |
水， 红 掌 拔 轻 波。 鹅 鹅 鹅，

5 6 3 5 | 3 2. | 2 1 2 3 | 5 1 | 6 5 3 2 |
曲 项 向 天 歌， 白 毛 浮 绿 水， 红 掌 拔 清

1 1 | 1 1 | 1 0 | 2 3 2 | 1 - ‖
波， 鹅 鹅 鹅， 鹅 鹅 鹅。

拓展练习

　　鸣鸠琴能弹奏出优美动听的旋律，想一想，它还有其他的演奏方式吗？可以为歌曲《咏鹅》伴奏吗？

2.《静夜思》

李 白 词
谷建芬 曲

1=A 4/4

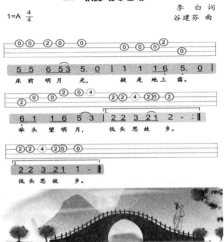

床前明月光, 疑是地上霜。

举头望明月, 低头思故乡。

低头思故乡。

拓展练习

1. 歌曲正确的演唱顺序是什么,请用谱子中的颜色来回答。

2. 用中华小四弦和三角铁为歌曲伴奏。

三角铁节奏:

4/4 X – – – | X – – – | X – – – |

3. 你还能想到其他表演形式吗?和同伴们尝试表演吧!

3.《春晓》

孟浩然 词
谷建芬 曲

1=A 4/4

拓展练习

找到歌曲中 | X – – – | 节奏，观察老师是怎样
弹奏的，请你在熟练弹奏歌曲的同时尝试练习。

儿歌弹唱：

1.《喜鹊歌》

1=A 2/4

湖北宜昌

拓展练习

哪位同学会宜昌方言，教教同学们，尝试用方言演唱，用中华小四弦伴奏。

2.《摇儿歌》

1=A $\frac{2}{4}$

土家族

◎◎　◎◎◎④②　④④◎④②　◎◎◎◎◎④②

‖: 5 5. 5̲ 3̲ 2 | 3 3. 3̲ 2̲ 1 | 5 5. 5̲ 3̲ 2 |
　（哎 罗　罗　　哎 罗　罗　　哎 罗　罗
　（哎 罗　罗　　哎 罗　罗　　哎 罗　罗

②④◎◎◎　◎◎◎④②　④④◎④②◎　◎◎

2 3. 1 | 5 5. 5̲ 3̲ 2 | 3 3. 3̲ 2̲ 1 | 5 5. |
哎 罗　罗）小 宝 宝　　快 睡 觉　　阿 爸
哎 罗　罗）小 宝 宝　　快 睡 觉　　阿 妈

◎◎④②◎　◎◎◎◎◎④②　◎◎◎

5 3̲ 2̲ | 2 3. 2 | 5 5. 5̲ 5̲ 3 | 2 3. 1 :‖
上 山 到　去 砍 柴　阿 妈 在 家　把 你 摇
就 到　　山 上 去　给 你 提 只　花 喜 鹊

④◎◎

$\frac{3}{4}$ 3 5 - ‖
喂 喂！

拓展练习

用鸣鹂琴演奏，用打击乐器为歌曲伴奏，
尝试创作多种形式表现音乐。

3.《幸福歌》

1=A 2/4

湖北天门

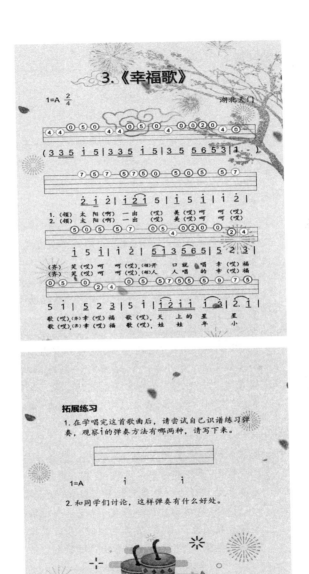

3. 鸣鸠琴教案

课题	《两只老虎》	授课教师	武汉市高尔夫小学 胡迪	课时	第二课时
课型	器乐综合课	教具	彩色圆片贴纸、多媒体、微课、中华小四弦、铃鼓		
教学内容	用中华小四弦弹奏歌曲《两只老虎》;尝试多种形式表现歌曲。				
教学目标	1. 引导学生感受中华小四弦的魅力,激发学习民族乐器的热情。 2. 运用微课、彩色演奏图谱辅助教学,通过聆听、观察、模仿、小组学习、小组合作等方法学习奏唱歌曲。 3. 学习换把技法,尝试多种形式表现歌曲。				
教材分析	《两只老虎》是一首法国童谣,也是一首深受儿童喜爱的游戏歌曲。采用 4/4 拍,大调式,一段体结构。这首歌的音域只有九度,其旋律简练流畅,采用了级进的方式,并主要以重复的手法构成,生动、有趣,符合儿童的心理特点。				
学情分析	中华小四弦 F 调,123456 在一弦上,且跨度较大,学生的手较小,要正确弹奏这首歌曲,有一定难度。首先,学生要熟练掌握每一个音的按弦指法;其次,要准确掌握换把技法,换把动作的合理化、规范化和把握性的程度如何直接关系到音高、节奏的准度;最后在弹奏时还要准确把握节奏,才能准确弹奏出这首歌曲。				
教学重点	用中华小四弦弹奏 F 调歌曲《两只老虎》				
教学难点	初步掌握换把技法,完整弹奏歌曲				

教学过程				
教学 流程	教学 内容	师生活动	设计 意图	教学用具及 设计调整
课前准备	手指彩贴 及吟诵《中 华小四弦 启蒙儿歌》	1.贴彩色甲贴 2.吟诵《中华小 四弦启蒙儿歌》 要求:边读边做 动作 左手	为演奏歌 曲做好技 能储备	彩色指 甲贴 出示微课
激趣导入 创设情境	创境导入	1.谈话及微课视频导入 观看微课视频,思考:这位 新朋友在寻找什么? 2.出示课题《两只老虎》	明确活动 目标	出示微课
感受体验 主动学习	复习歌曲	1.复习歌曲《两只老虎》 要求:用有弹性的声音, 有趣的情绪,边唱边表演 歌曲。 2.师弹奏歌曲,学生再次 演唱歌曲。		师拿 小四弦 出示微课
		3.观看微课视频,学生介 绍中华小四弦。 4. 生弹奏并复习原调(A 调)歌曲《两只老虎》。 思考:比较两次的弹奏在 音高上有什么不同? 5.观看对比视频,观察并 思考:A调和F调在弹奏 时左手按弦有什么不同。	对比 A、F 调的区别	生拿 小四弦 师拿铃鼓 击打节奏 出示微课

感受体验	主动学习	师生合作弹、唱歌曲	6.分组、合作练习 (1)师对照彩色演奏图谱和按弦图示引导学生练习,要求:规范演奏姿势,左手按弦准确,右手用拨片尖部向下拨弹,稳定节奏弹奏。 (2)按照把位分小组弹奏 (3)小组合作练习,用时3分钟。 (4)师击打节奏,小组合作演奏。 7.播放伴奏,合作弹唱旋律。 要求:小组之间配合、衔接好,音准及演奏的姿势正确;咬字吐字清晰、准确。 8.播放伴奏,合作弹唱歌曲。 要求:弹奏准确,咬字吐字清晰。	分组、合作降低学习难度	出示微课
		难点突破	9.换把练习 (1)观看微课,思考如何完整弹奏。 (2)微课视频介绍换把技法。 (3)生观察图谱,师勾画换把部分并同步讲解演示。 (4)学生练习换把,师视导,用时2分钟。 (5)师击打节奏,练习完整演奏。	突破难点换把	出示微课

	完整弹奏歌曲	10.播放伴奏,完整弹唱展示(唱谱)。 要求:换把准确。		
拓展延伸	实践创造 多种形式编创实践	1.观看微课,思考如何多种形式编创歌曲。 2.教师整合学生意见,组织练习。 3.完整展示。	激发培养学生的创编兴趣和能力	出示微课
点评小结	教师总结	师:同学们,你们的表演太精彩了,你们不畏艰难的态度真让老师感动。作为你们的头号粉丝,我被你们的歌声吸引,被你们的中华小四弦吸引,被你们的编创能力折服,孩子们你们太棒了。		出示微课
板书设计	《两只老虎》 1=F 4/4　　　　　法国童谣 情　绪　有趣地 歌　声　有弹性地 演奏技法{单音拨弹 　　　　换把			

二、竖笛的演奏教学

器乐教学是音乐新课程标准的重要组成部分，开展器乐教学是我国音乐教育发展的必然，《九年制义务教育全日制小学音乐教学大纲（初审稿）》指出："器乐教学是音乐教学的重要内容之一，对于培养学生的音准和读谱能力具有特殊功效，能促进学生音乐素质的提高。"著名的音乐教育心理学家詹姆士·墨塞尔讲过："器乐进课堂可以说是通往更好体验音乐的桥梁，事实上它本身就是一个广泛的音乐学习的领域。"

竖笛作为"器乐进课堂"的乐器具有简单易学、携带方便、声音优美等特点，深受小学生的喜爱，是适宜面向全体学生的器乐普及教育。把竖笛引入到小学音乐课堂中，结合音乐教学对学生的感官加以刺激，使他们的心理、行为、情感受到影响，产生最佳情绪，有目的、有意识地培养学生对音乐的理解与想象，从而达到音乐审美教育的目的，培养学生学习音乐的兴趣，全面提高学生的音乐素质和能力。

多年来，我一直在研究竖笛教学，深切体会到，将竖笛教学融入音乐教学中，为我们的音乐教学服务，对提高学生的音准、节奏、识谱、合唱等方面的能力有着极为重要的辅助作用。

（一）通过竖笛教学培养学生的音准能力

音乐是听觉的艺术，音乐教学中帮助学生养成良好的听觉习惯，培养其敏锐的听觉能力是非常重要的。儿童时期是培养绝对音高概念的最佳时期，传统的练习音准的教学让学生听音视唱，划拍打节奏，十分枯燥，毫无趣味可言，并且学生年龄小，嗓子娇嫩，过多的练唱也很容易使嗓子处于疲劳状态，学生自然是提不起学习兴趣的，所以就出现在小学上了六年的音乐课，大部分学生连基本的 do re mi fa sol la xi 都唱不准的情况。

竖笛教学很符合学生的年龄特征，能激发学生学习音乐的兴趣，调动学习积极性，竖笛有着固定的音高，音准反映在听觉上、指法上，有鲜明的直观性，学生在吹奏的过程中听到音高，不断加深音高印象，从而提高音准能力。但人音版的音乐教材是三年级下学期才出现学习竖笛的内容，我个人认为稍微迟了一点，我认为从起始年级一年级就开始渗透竖笛教学，循序渐进地帮助学生提高音准能力，这样效果更显著。

我从一年级就开始教学生吹竖笛，教给学生吹的第一个音是标准音 la，先练习吹一拍的 la，然后练习吹两拍的 la，以此类推，练习三拍的 la，四拍的 la。在这个过程中，一定是先划拍唱 la，等熟练后，再到竖笛上吹奏，让这个标准音 la 的音高在学生的脑海中深深地扎下根，久而久之，学生对 la 的固定音高的记忆得到加强，为后面的音程构唱教学做好铺垫，用这种方式再学习其他的单音，熟练后再把单音组合在一起吹奏，与此同时，学生的节奏能力也在不知不觉中得到了提高和加强。实践证明，学过竖笛的学生的节奏感比没学过竖笛的学生要好很多，举个简单的例子，大家都知道，学生在唱长音的时候，经常唱不满时值，但是练习过竖笛的学生，不论是两拍、三拍还是四拍，他们很自然地就唱足了长音的时值。

教唱一条不易唱准的旋律，让所有学生用竖笛吹奏曲谱，熟练后，分一部分学生视唱，另一部分学生吹奏曲谱，然后交替进行；对把握不准的音，借助竖笛吹一吹，让竖笛帮助找到准确的音高，再进行练唱，这样就帮助学生掌握了正确的音高概念，继而有效地提高了音准能力。例如：在学唱歌曲《彝家娃娃真幸福》时，歌中的四句"阿里里"的音准是这首歌曲的难点，他们的旋律分别是：

①2 2 2 ②2 2 2 ③3 5 3 ④6 6 6

　阿里 里　　阿里里　　阿里里　　阿里里

学生除了唱不准外，还习惯性地把③的旋律唱成①，尽管老师提醒很多次，但作用不大。后来，老师把竖笛加入教学中来，师生合作演奏歌曲的旋律，学生吹奏较简单的①②③④的旋律，其他由教师吹奏。因为竖笛有较固定的音高，学生在吹奏中不停的、反复的熟悉和固化这四个"阿里里"的音高，学生很快就记住了它们的音高，当学生有了一定的音高记忆后再分一部分学生来演唱这四句"阿里里"的旋律，就容易多了，学生再也没有把③唱错，音准难点也解决了，效果是非常明显的。

学生很喜欢竖笛，能把小小的竖笛吹出美妙动听的音乐，他们感到非常的自豪，非常有成就感。实践证明结合竖笛教学对学生进行由浅入深、由易到难、循序渐进的"视唱练耳训练"是学生们喜欢并易于接受的。通过竖笛的学习,学生学会了聆听和记忆,在音乐记忆中建立了音高概念,加强了节奏训练,继而提高了学生音准、节奏的能力。

(二)通过竖笛教学培养学生的合唱能力

小学音乐新课程教材中安排了大量的合唱教学内容,但是由于种种原因,合唱教学在当前的小学开展的情况并不理想,很多教师对二声部歌曲束手无策,教学中甚至省略第二声部,当成单声部歌曲教唱,长此以往,学生只会唱单声部旋律,没有和声概念,在合唱教学中,教师大都采用先分声部反复练习再进行合唱,但在合唱中受主旋律影响而跑调现象依然存在。合唱教学已成了音乐教师共同的老大难问题。

竖笛是一种合奏性很强的具有固定音高的正规乐器,通过合奏(包括重奏)能有效帮助学生建立多声部音乐的概念,培养学生的多声思维,让学生享受多声部音乐的美感,通过竖笛合奏建立起来的多声思维平行迁移到合唱中来,从而解决合唱中难以解决的音准问题是很有意义的。

到了三年级,人音版的音乐教材在第七单元才出现了一首合唱歌曲《钟声叮叮当》。合唱最关键是要唱好唱准各声部的音高,如果等到了三年级出现合唱再来训练二声部音准为时已晚。因此,低年级用竖笛进行音准训练非常关键。小学的竖笛演奏虽然是一种较为简单的合奏,我们学校提出"一支竖笛、一起合奏"的理念,对于提高学生的合唱合奏素质有着重要的作用。

我从一年级开始由易到难进行各种节奏组合的单音训练，在熟练掌握后，我会和学生玩音程叠加的游戏，学生对这个游戏非常感兴趣。例如：我把学生分为高低两个声部，教师任指挥（后来由学生轮流担任），每节课都要进行听、唱、奏的音程练习。

先分再合练习，如：

4/4　0 0 0 0 ｜ 3 - - - ｜ 3 - - - ｜……
　　　1 - - - ｜ 0 0 0 0 ｜ 1 - - - ｜……

依次进入的练习，如：

4/4　0 0 0 0 ｜ 0 0 0 0 ｜ 3 - - - ｜ 3 - - - ｜……
　　　1 - - - ｜ 1 - - - ｜ 1 - - - ｜ 1 - - - ｜……

同时进入的练习，如：

4/4　6 - - - ｜ 5 - - - ｜ 4 - - - ｜ 3 - - - ｜……
　　　4 - - - ｜ 3 - - - ｜ 2 - - - ｜ 1 - - - ｜……

刚开始，学生三人为一个小组，轮流任指挥，其余二人分声部吹奏，练熟后再合奏，体会和声感，吹奏的过程其实正是学生内心默唱的过程，待内心有了坚定的音高概念时，教师就可以鼓励学生分声部唱谱后再合唱，如果还出现音准问题，就再用竖笛合奏进行辅助。

自从开展了竖笛教学，练习二声部乐曲时，每次都从低声部开始，如：三年级合唱歌曲《铃声叮叮当》的低声部只有两个音。

6/8 1. 1. ｜ 1. 1. ｜ 1. 1. ｜ 5. 5. ｜ 5. 5. ｜ 5. 5. ｜……
　　　 叮 当　叮 当　叮 当　叮 当　叮 当　叮 当

我把低声部的旋律让学生在课前就当练习曲练熟、唱熟。正式学唱这首歌曲时，我并不急于让学生唱高声部，而是先复习吹奏低声部后，再变换不同的方式和学生一起来合作：学生吹奏低声部我来吹奏高声部→学生吹奏低声部我在钢琴上弹奏高声部→学生吹奏低声部我来唱高声部→学生唱低声部我唱高声部→学生分声部合唱。通过结合竖笛演奏的方法，逐步引导学生进入到二声部合唱中来，由浅入深、由易到难，降低了学习的难度，经过反反复复的合作和练习，学生已经非常清楚自己声部的轮廓，建立了和声感，最终脱离竖笛，水到渠成地合唱二声部了。

（三）通过竖笛教学培养学生的合作能力

本人对本校二年级七个班共 400 多人进行过有关竖笛的调查，超过 95% 的学生非常喜欢吹奏竖笛并很乐意跟他人进行合奏，在校园里的课间经常看到孩子们三五成群地在一起合奏竖笛。

合奏是器乐中最常见的演奏形式，它本身就是一种密切的合作。在竖笛合奏时，声音要和谐、统一，必须在会演奏自己声部的前提下学会倾听、密切配合，保持旋律、力度、速度方面的配合一致，长此以往，学生们在合奏中养成了一种相互提醒、自我调整、默契配合的习惯，在潜移默化中培养了学生的合作意识，提高了合作能力。

学生和我一起设计了形式多样的合奏形式，如同桌间的二人齐奏（或者接龙演奏）、小组间的齐奏（或者接龙演奏）、男女生分组齐奏（或者接龙演奏）、领奏与伴奏，打击乐器与竖笛在合奏的过程中，每个组都要轮流配备小指挥和监听员，孩子们学会了互相交流、互相学习，在一次又一次的师生互评、生生互评中，孩子们学会了倾听别人的演奏来调整自己的演奏状态，知道了必须要互相配合好才能吹奏出动听的音乐。当看到我为他们拍摄的表演视频时，每张笑脸上都写着满足和自豪。

在实践中我们深切地感受到竖笛合奏在培养学生的合作能力、共处意识方面的巨大作用。竖笛合奏强调学生的互动性，强调一种集体合作精神，强调一种和谐的演奏、欣赏、共享、交流氛围。学生通过集体的竖笛合奏，很容易使师生、生生之间产生情感上的沟通与联系，极有益于个体与群体的交往，从而领悟到团队的力量、合作的力量。

有效地利用竖笛，丰富了音乐教学，为音乐课注入了新鲜的元素，学生学习音乐的兴趣进一步提高，都能积极主动地参与到音乐活动中来，通过竖笛教学实践活动，培养了学生的音准能力、合唱能力和合作能力，丰富了学生的情感体验，培养了审美情趣，促进了个性发展，全面提高了学生的综合音乐素质。

第四章

叫 | 醒 | 音 | 乐 | 的 | 耳 | 朵

音乐欣赏是欣赏者通过聆听音乐，体验蕴涵于音乐形式中的美和丰富的情感，从中获得音乐美的享受与情感的满足，并从感性欣赏到理性欣赏的审美心理活动。从音乐实践活动的整体来看，它是音乐创作与表演的接受环节，是音乐创作与音乐表演的出发点和归宿。通过音乐欣赏，音乐潜在的社会功能转化为现实。音乐欣赏不受其他音乐形式、设备、技术的限制，只要有一定的听力，每个人都可以欣赏音乐，享受音乐的美。

音乐欣赏教学是音乐教育的重要内容，随着对音乐本质的深入研究，我们越来越认识到音乐欣赏教学的重要性，可以说音乐欣赏是音乐教学的基础，音乐欣赏应该渗透到音乐教学的每一个环节中去。音乐是直觉的艺术，也是感性的艺术，它的美首先诉诸人的直觉，通过直觉取得感性认识，是听懂音乐的前提和基础，但这只是音乐的外在美，外在美毕竟是肤浅的，只能动听一时，只有内在美才能深深地感染人，使人动心动情。"六律存而莫能听者，无师旷之耳也"。欣赏音乐、理解音乐必须具备感受音高、音强、音长、音色的能力以及节奏、旋律、和声、速度、力度、调式、织体等音乐要素的能力，否则再美妙的音乐只不过是好听的声响而已。从动听到动心是一个飞跃的过程，是有一段距离的。这个过程中，教师是引路人，在了解、把握学生的年龄特点和学习心理基础上，运用各种合适的教学方式和手段，通过训练、培养"音乐的耳朵"，养成良好的听觉习惯，积累听觉体验，引导学生学会聆听音乐、体验音乐、理解音乐，发展音乐的感受力、想象力和创造力，最终成为具备"音乐耳朵"的人。

第一节　直接欣赏音乐

音乐艺术的力量首先在于音乐本身。标题、解说等只起辅助作用，在欣赏音乐时，听者首先会用音乐直觉去感受音乐本身的美。教师在教学时应当逐步培养起学生敏锐的音乐直觉，做到不过度依赖标题、歌词和解说等一切音乐以外的东西，去聆听音乐本身。所以欣赏音乐首先关心的不应当是具体描绘什么，呈现出一幅怎样的画面，而是给人一种怎样的感受。基于这些，笔者在欣赏教学中经常会采用直接欣赏音乐的教学方法，即不经过任何事先的准备，让学生直接去欣赏乐曲。

教学范例一：

1. 学生分成两部分，男生坐在箱凳上，女生每人拿一根柔软的红绸带。

2. 要求：听到鼓点的节奏时，男生就按节奏敲击自己坐的箱凳；听到抒情的乐段时，女生随音乐挥舞红绸带。

3. 听音乐。学生按要求活动。

教学说明：这种音乐欣赏的教法，看起来是极其简单的，但是却渗透了奥尔夫教学法中"让孩子通过自身的活动直接去感受音乐"的教学思想。用敲击箱凳发出有节奏的声响吸引了学生的兴趣。在这种简单易做的音乐活动中，运用男女生分组活动、箱凳和绸带的先后使用、敲击和律动的交替等多维度的对比，体现了这首音乐作品的三段式结构，让学生在潜移默化中感受乐曲的结构和内涵。

教学范例二：

1. 播放器乐曲《颂祖国》。

2. 将学生分为两组，每个学生手拿一件打击乐器，如三角铁、碰钟、小堂鼓等每小节(强拍上)敲击一次；双响筒、木鱼等每小节(第一拍和第二拍,感受强拍和次强拍)敲击两次。

教学说明：让孩子们亲身参与音乐实践，直接欣赏音乐，注重实际感受，感受四拍子的强弱、鲜明的节奏感及乐曲欢快、活泼的情绪。

第二节　主动欣赏音乐

主动欣赏音乐是指欣赏者对欣赏的内容有欣赏的愿望与需求，能自觉、有目的地欣赏音乐。在欣赏时全身心地投入，并主动参与其中，不仅动觉参与，更重要的是思维心灵参与，在参与中感悟音乐、体验音乐、理解音乐、表现音乐。在主动欣赏中，逐步提高对音乐的欣赏能力。这种主动地、有鉴别、有判断力地听音乐的方式和能力，需要通过长年累月的训练和积累。而学校音乐教育的根本任务也在于此：培养出更多的人具有这种能动的音乐听觉能力，使更多的人"拥有打开音乐的钥匙"。

主动欣赏音乐是一种很有特点，也很有效果的音乐欣赏教学方法。它来自奥尔夫的"让孩子亲自参与音乐"的教学思想。如何引导学生参与其中并主动地欣赏音乐呢？奥尔夫和柯达伊都曾指出：人生而具有对音乐的喜爱和感受能力，尤其是儿童，完全没有乐感的儿童几乎不存在。音乐欣赏是一种审美心理活动，对每个学生来说，他们都有一种追求音乐美感的期待，但在实际的教学过程中，会遇到这样的情况：学生对于喜欢的音乐愿意听愿意参与，对于不喜欢的音乐就不感兴趣，如某些纯器乐曲等。在这种情况下，教师一定要了解学生的审美心理，准确把握这种心理活动的规律，并通过各种教学手段，让音乐走进学生的内心，变被动为主动，让学生的心真正动起来，才能有效地引导学生主动欣赏音乐。

一、培养学生的音乐听觉思维能力

美国音乐家科普兰在《怎样欣赏音乐》一书中说："如果你要更好地理解音乐，再也没有比倾听音乐更重要的了，什么也代替不了倾听音乐。"音乐是听觉的艺术，没有听觉，音乐便失去了意义。"听"是我们了解音乐的唯一途径，这个"听"不是表面意义上的"听"，倾听音乐需要反复倾听，有目的地听、有分析地听，通过把音乐的音响转化为人的审美体验才能实现音乐的全部意义。而连接音乐的音响和人的审美体验之间的桥梁就是音乐的听觉思维。当然，培养学生的音乐听觉不能只靠听觉来完成，应调动听觉、视觉、动觉等多种感官综合运用，形成良好的音乐听觉能力。

在音乐教学中，培养学生的音乐内心听觉能力是主动欣赏音乐的方法之一。音乐内心听觉也可称为内心听觉想象，是指在音响结束后，通过听觉想象仍能保留音乐的音响，或是在音响之前，通过识谱，把纸上的音符转化为实际的音响。这是一种重要的音乐听觉能力。音乐是通过音乐语言来表现的。它包括旋律、节奏、速度、力度、节拍、音色、调式、调性、和声等因素，对这些音乐基本要素的思维过程是感知音乐的基础。对这些音乐要素的思维能力越强，对音乐的感受和理解就会越深刻。在此基础上，学生就会潜移默化地走进音乐，爱上音乐，继而会主动地去欣赏音乐。

二、通过记忆音乐主题培养学生的音乐听觉能力

培养内心音乐听觉最好的方法就是音乐的记忆，音乐记忆是音乐听觉思维的基础。著名音乐家阿里斯托克森说："用记忆把握已产生的东西。因为用别的方法不可能跟踪音乐。"培养学生的内心音乐听觉首先就要从音乐的记忆力开始。

音乐记忆力指的是对音乐作品的记忆能力。音乐作品中的主题是乐曲的核心、灵魂，它表现了一个完整的音乐思想，推动着作品的形成与发展，学生熟悉音乐主题并有效地记住了音乐主题之后，将会为他们理解音乐形象和情感，加深对音乐作品的印象，准确地识别音乐主题的重复和变化打下基础，当学生在生疏的乐曲中听到熟悉的主题音调，就如同在一个陌生的环境中见到了熟悉的人，和乐曲有了亲近感，然后利用信息技术手段视听结合、声像一体、形象性强等优势，创设出一个良好的艺术氛围，提高了学生欣赏的兴趣，就能顺利地进入到乐曲的学习中。学生的兴趣大增，音乐欣赏就此会变得轻松而简单。

音乐主题不仅是音乐作品的核心部分，更是音乐的精华部分，将主题学习与填词歌唱、律动等方式结合起来进行教学，这是记忆主题最为有效的方法。

（一）"唱响"音乐主题

在器乐曲的欣赏教学中，器乐曲大都是通过一些复杂的音乐要素来表现音乐，如果只是让学生反复聆听来达到理解音乐、记忆音乐的目的是有很大难度的。填词演唱音乐主题是一条理解音乐的捷径。让学生在欣赏的过程中更有效地感受音乐，让音乐欣赏过程变得更有味。例如：三年级上册的欣赏曲《赛马》，此曲以蒙古族民歌《红旗》为主题，这个音乐主题在整首乐曲中一共出现了三次，第二次是稍加变化出现，第三次出现是由伴奏乐器演奏主题音乐，使主题音乐若隐若现，不好辨别。执教者觉得这个主题旋律很简单，就试着让学生听了几遍后再来辨别出现的次数，结果发现：有一小部分听不出来第二次出现的主题音乐，大部分学生听不出来第三次出现的音乐主题，通过再分析得出：音乐主题的节奏比较规整，旋律性强，很适合填词演唱。于是，教师就为音乐主题编创了歌词，让学生置身于画面感较强的情境之中，一下子带学生走进了音乐，走进了大草原。

1=C
2/4

3 6.1 | 5. 3 | 56 1 | 6 - |
蓝 蓝的 天 空 白云 飘 过，

3 6.1 | 5 53 | 23 65 | 3 - |
美 丽的 草 原 欢迎 你 们，

5 6.1 | 1.6 | 23 65 | 3 32 |
一起 唱歌 一起跳 舞呀，

1.2 35 | 66 6 | 23 1 | 6 - ‖
欢迎 大家 一 起 来 做 客！

在演唱的过程中，学生非常乐于演唱，并在演唱中理解、感受和记忆音乐主题。学生迅速地熟悉了音乐，有助于帮助学生走进音乐所描绘的意境当中，通过这种方式熟悉音乐主题后，学生能够非常清楚地辨别出音乐主题出现的次数。

（二）"舞动"音乐主题

笔者在实际的教学过程中发现，不是每一首乐曲的音乐主题都适合填词演唱，填词演唱音乐主题是为了帮助学生更好地记忆音乐主题，而不是为了演唱而演唱，如果背离这一点的话，就会起到适得其反的效果。

例如：人音版二年级上册的一首欣赏曲《森林水车》，是一首管弦乐作品。乐曲的结构是：序奏+A+B+A+C+A+结尾，主题旋律（A）在乐曲中出现了三次，作品的主题旋律如下：

我们可以看到，这首乐曲的主题旋律节奏密集、复杂，大部分的音都集中在高音区，这节课的教学重难点是熟悉主题旋律并能辨别其在乐曲中出现的次数。如果将这段主题旋律简化后填上歌词降调演唱，笔者设计了两个版本：

版本一：

版本二：

执教者在分别试教这两个版本之后出现如下问题：

1. 孩子们歌词唱不清楚，经常把歌词中的"快乐""咕噜"不是多唱一个就是少唱一个。

2. 后半拍起的节奏基本上没有唱清楚过。

3. 音域跨度较大(六度、七度、八度音程)，学生的音准把握不好。

4. 由于将主题旋律简化并降调太多，主题旋律有些失真，学生回到作品中聆听主题旋律时，对主题旋律不是很敏感，大部分学生还是听不出来主题旋律在乐曲中出现的次数。

演唱主题的结果不尽人意，学生既没有熟悉主题旋律，也没有辨别出主题旋律在乐曲中出现的次数。在总结经验后得出结论：乐曲的主题旋律是由四句非常相似但又不同的乐句组成，学生很容易把每个乐句当成一次主题旋律，虽然老师已经强调了很多次：四个乐句演奏完才算一次主题旋律，但是却收效甚微。在经过多次试教后发现这段复杂的主题旋律已经超出学生的演唱能力范围，是非常不适合演唱的。

这段主题旋律是四二拍的小快板，带着波尔卡舞曲活泼、愉快的特点，使人联想到水车快活旋转水花飞溅的情景。在重新研读、分析教材后发现这段主题旋律很适合学生用律动的方式来感知。我们设计了一个主题动作并取名为"水车舞"：以右手为轴，左手和着一个乐句的音乐围着右手顺时针转一圈后拍三次手，这个就代表着用律动完成了一个乐句；由于主题旋律有四个乐句，那么我们就从左、上、右、下四个方向，在每个方向把这套主题动作做一遍，刚好就是一圈，就好像是水车转了一圈儿。执教老师告诉学生：水车转了一圈，跳了一次水车圆圈舞，就代表着主题旋律出现了一次，学生熟悉了这套主题动作后，一听到主题旋律响起，就不约而同地跳起水车舞，在视觉上，老师运用现代信息技术把课件做成动态课件：

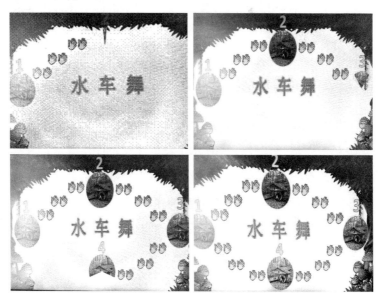

学生在感兴趣的同时，通过视、听结合的方式对主题旋律也理解得非常透彻，记忆得非常清楚，最后，当老师提问这段主题旋律在乐曲中出现的次数时，所有的学生都不约而同地伸出三个手指头（表示主题旋律出现了三次），由此，顺利又巧妙地解决了这节课的教学重难点。

总的来说，填词演唱音乐主题也好，为音乐主题设计律动也好，这些都只是教师引导学生欣赏乐曲的一个着力点，是在激发学生学习兴趣的同时，帮助学生有效记忆音乐主题的一种方法，但是我们不能把这些当作欣赏教学的重心而脱离音乐本体，我们要把握的原则是：不能为了演唱而演唱，也不能为了律动而律动，在欣赏教学方法的选择上，我们一定要结合所欣赏乐曲的特点和学生的学情特点来选择，让音乐真正地走进孩子们的记忆中，通过音乐记忆来培养学生的内心听觉能力。

三、通过游戏活动培养学生的音乐听觉能力

儿童的天性都是好动的，儿童的生活以游戏为重心，常在游戏中以最纯真最自然的方式表示自我，抒发情绪，发挥想象，游戏满足了儿童生性好玩好动的性格。儿童的生活离不开游戏，游戏的内容源于儿童的生活。

奥尔夫认为："儿童的音乐教学的起点不是音乐课，而应该始于游戏。"音乐游戏是以发展儿童音乐能力为主的一种游戏活动，儿童在伴随音乐进行活动的过程中，唤起好奇心与

联想。日本音乐教育家铃木先生认为，儿童的心理特点是
"玩"，所以根据一切从儿童出发的原则，适合儿童的音乐教
育不是让孩子走向音乐，而是让音乐发自孩子的内心。在游
戏活动中，学生伴随着音乐，专注地倾听音乐、分辨音乐，
然后通过"身体动作"把"音乐"外化出来。当然，这种游
戏不是纯粹玩乐的游戏，而是通过游戏学习音乐元素，发展
音乐听觉能力，提高音乐素养。

具体的实施方法有很多，例如运用听觉感知不同的音乐
类型从而变换不同的动作；聆听音乐做即兴的动作表演；聆
听不同的音乐做走、跑、跳等动作反应；还有音乐变奏与动
作组合，将不同的音乐有机组合，训练学生的听觉能力和反
应能力。

教学范例一：

1. $\frac{4}{4}$ （走）X　X　X　X　｜　（跑）XX　XX　XX　XX　｜

（骑马状）X.X　X.X　X.X　X.X　｜　（滑）X　-　X　-　　｜

2. 四种节奏型分开练习，学生仔细聆听教师用打击乐器
敲击这四种节奏，分散站立并按节奏做动作。

3. 教师打乱顺序敲击节奏，学生边听边按节奏做动作。

教学说明：培养学生记忆节奏的能力和根据不同节奏调
整动作的能力。

教学范例二：

1. 让学生围成里外两个圆圈。

2. 教师弹奏两拍子的乐句时，学生集体击拍向圆圈中心走，合拢圆圈。

3. 教师弹奏三拍子的乐句时，学生集体击拍向外围散去，打开圆圈。

4. 围成圆圈后，里圈和外圈的学生相对而坐。在每一个乐句的第一拍上互相击掌。

教学说明：这是一个听辨节拍和乐句的小游戏。培养学生对节拍和乐句有一个初步的感知和记忆。

教学范例三：

1. 由七位高矮不同的学生戴上音符头饰 1、2、3、4、5、6、7。

2. 教师弹奏其中一个音符，扮演这个音符的学生晃动一下，并做出相应的柯尔文手势。

3. 然后教师再弹奏音符，由其他学生迅速找出这个音符并做出相应的柯尔文手势。比一比谁的速度快。

教学说明：这项游戏活动对于听觉的训练有很大的意义，帮助学生建立音高概念，培养学生的音准能力。一般情况下，唱不准的原因在于听不准，这样通过游戏来训练音准的方式和用钢琴进行的听音练耳比起来，更有趣、更有效。

教学范例四：

1. 学生右手拍右腿，基础节奏是每一拍拍一次腿，一直拍击至音乐结束。

2. 上述动作继续，同时抬起左臂，屈肘，前臂横置于胸前，手掌平伸，掌心向下，位于拍动着的右手上方。

3. 右手动作继续，向下击腿时，发出较沉闷的音响（这时便是前半拍）；向上时，右手背与左手心相碰，发出较清亮的声响(这时便是后半拍)，因而出现了"叭答叭答……"的节奏声。

4. 以上动作继续，右手向下渐成"虚击"，即实际上不触及右腿，不发出声响，只有向上两手相碰时发出声响，便形成了"OX OX……"的后半拍节奏型。

——选自秦德祥《元素性音乐教育》

教学说明："OX OX……"是常用的节奏型，在伴奏声部中更为多见。这个节奏型对大多数学生来说是一个难点节奏，教师也常常感觉到缺乏比较满意的训练方法。这个小游戏可使后半拍节奏型在动作、体感、视觉、声响等方面都显得十分明确，做法简单，效果显著。

教学范例五：

1. 教师带领学生反复做下列声势：

$\frac{4}{4}$ 捻指	X O X O	X O X O	X O X O	X O X O
拍腿	O XX O XX	O XX O XX	O XX O XX	O XX O XX
拍手	XX X XX X	XX X XX X	XX X XX X	XX X XX X

2. 分声部练习至熟练。

3. 将声部合起来反复练习。

4. 视学生情况逐渐加快速度，并且逐渐减弱力度。

5. 以教师敲击鼓声作为开始，学生静止不动，脑海中想着上谱的前三小节，心里默数拍子，最后，准确地做出最后一小节的声势。

6. 教师以敲击鼓声为开始，由学生完成所有声势。

教学说明：这个游戏的目的是训练学生的音乐记忆力、想象力和速度感。

教学范例六：

$\frac{4}{4}$ 拍手 ‖X X XX XX │ X X X X │ XX XX X X│

踉脚 ‖X X 0 0 │ X 0 X 0 0 │ X 0 X 0 │

1. 教师讲解示范踉脚要求：整个脚掌踉地，左右脚均可。

2. 进行拍手、踉脚的单声部练习。

3. 进行拍手、踉脚的双声部练习。

4. 教师带领学生逐一进行回声练习。即每一种节奏型反复四次，然后按顺序逐一往后串联。(1+1+1+1)+(2+2+2+2)+(3+3+3+3)……

5. 变换次数练习。每一种节奏型反复三次。(1+1+1)+(2+2+2)+(3+3+3)……

6. 再次变换次数练习。每一种节奏型反复两次。(1+1)+(2+2)+(3+3)……

教学说明：这个声势游戏的目的有三点。一是熟悉、记忆四拍子的节奏型；二是培养学生的声部感；三是培养学生的协调能力。

教学范例七：

1=C $\frac{2}{4}$ 5 3 | 5 3 | 6 | 5 - |

国旗　国旗　　真美　丽，

3 1 | 3 1 | 5 3 | 2 - |

金星　金星　　照大　地，

3. 2 | 1 2 | 3 5 | 6 - |

我　愿变朵　小红　云，

6 5 3 6 | 5 － | 5 2 3 | 1 - ‖

飞上蓝天，　　亲亲　您。

1. 师生围成一个圈站好。

2. 轻声跟唱，边唱边比画乐句（每一个乐句，用右手在面前均匀划一条弧线，最后落点在右边同学的左手上。一共四个乐句，做四次这样的动作）。

3. 了解乐句后，学习声势动作（第一套动作：拍腿 跺脚 | 拍手 捻指 ‖。第二套动作：捻指 拍手 | 跺脚 拍腿 ‖）。

4. 卡农练习：分成两组，每一组晚两小节进入，进行两个声部的练习，先进入的声部在歌曲最后重复一个小节，直至第二声部唱完，两组同时结束。在两声部的基础上还可分成四组做四个声部的练习，方法同上。

5. 合奏练习：分成四组，每组承担一种动作，分小组讨论、创编不同的节奏，进行合奏。

教学说明：通过运用四个古典声势动作，让学生感知乐句、记忆乐句，培养学生的声部意识和声部能力。

教学范例八：

1. 教师做下列声势，要求学生想一想：这是什么歌曲的节奏？

$\frac{4}{4}$ 捻指 ｜0 0 0 0 ｜0 0 0 0 ｜0 0 0 0 ｜0 0 0 0 ｜

拍手 ｜0 0 0 0 ｜0 0 0 0 ｜X X X － ｜X X X － ｜

拍腿 ｜0 0 0 0 ｜0 0 0 0 ｜0 0 0 0 ｜0 0 0 0 ｜

跺脚 ｜X X X X ｜X X X X ｜0 0 0 0 ｜0 0 0 0 ｜

｜0 0 0 0 ｜0 0 0 0 ｜X X X － ｜X X X － ｜

｜0 0 0 0 ｜0 0 0 0 ｜0 0 0 0 ｜0 0 0 0 ｜

｜xxxxX X ｜xxxxX X ｜0 0 0 0 ｜0 0 0 0 ｜

｜0 0 0 0 ｜0 0 0 0 ｜0 0 0 0 ｜0 0 0 0 ｜

2. 当教师做第二遍时，学生随着节奏唱出歌曲《两只老虎》的唱名。

1=F $\frac{4}{4}$　1 2 3 1 ｜1 2 3 1 ｜3 4 5 － ｜3 4 5 － ｜……

3. 学生边唱边随教师做以上声势动作。

4. 全体站起来，在室内任意走动，口唱这首歌的曲调，脚按节拍走，手按节奏拍。

5. 师生拉手围成大圆圈，边唱这首歌的曲调，边按节奏走，前四小节顺圆圈方向进行，后四小节时返回。

教学说明： 教师不断变换练习方式，通过多次反复，使学生对这首歌曲的节拍、节奏的记忆达到非常清楚和熟悉的程度。

四、通过多媒体课件培养学生的音乐听觉能力

"数字化"时代的到来，让信息技术在教育领域里风生水起，发挥出其特有的优势，信息技术为小学音乐欣赏教学打开了一个全新的局面，小学音乐欣赏教学和信息技术的整合，改变了以往欣赏教学内容陈旧，教学方式单一，学生兴趣不大等弊端，使原本沉闷、呆板的课堂变得活跃起来，信息技术利用其色彩鲜艳，图形生动、直观形象等特点，它集文字、图形、图像、视频、音频等各种信息于一体，根据教学设计以多媒体课件的形式表现出来，使音乐所描述的内容由相对单一静态的审美对象成为动态直观的审美对象，让学生在欣赏课中置身于信息技术所创设的情境之中，全方位调动学生的视觉、听觉、触觉，唤起学生的好奇心，提高注意力，激发学生学习音乐的兴趣。极大地丰富和提高了音乐教学方式和效果，让我们的欣赏教学充分地"活"起来！

（一）活用多媒体创境激趣，让学生心理"活"起来

爱因斯坦说："热爱，是最好的老师。"对于学生而言，兴趣是学生学习音乐的动力，是产生情感的基础，同时也是学生在音乐学习方面可持续发展的重要前提。笔者在本校近2500名学生中做了问卷调查，100%的学生都喜欢音乐课中的

多媒体课件，他们觉得，多媒体课件里的内容很有意思，很好玩儿。可见，利用多媒体课件上音乐课是学生喜闻乐见的方式。专家研究表明：动态刺激远远大于静态刺激，而且会给人留下深刻的印象。恰当地运用信息技术创设音乐教学情境，营造良好的氛围，学生有了愉悦的审美心境，就会唤起学生的审美注意，激发审美渴望。正可谓是"心动才会行动"，学生的心理"活"起来了，对欣赏课产生了兴趣，才会有欣赏音乐的动力和积极性，我们的欣赏课才能"活"起来。

　　例如，人音版三年级上册的欣赏曲《赛马》，该曲描写了我国蒙古族人民在欢度节日、举行赛马盛会时热闹而欢快的场面，表现了他们对草原、对生活的热爱之情。在上这节课之前，笔者了解到学生都没有去过内蒙古大草原，也不知道草原上的赛马盛会。如果单凭教师的一张嘴去描述草原如何的美丽，赛马盛会如何的热闹，恐怕是苍白无力的，在这种情况下，就是我们的信息技术大显身手的时候了。由于草原离学生的生活空间相差甚远，如果教师只是通过语言来创设草原的情境，学生是很难融入情境中来的，现代信息技术是可以"压缩时空"的，通过制作多媒体课件，将美丽的草原、精彩的那达慕大会鲜活地呈现在学生的面前，并且这些图片和视频的背景音乐就是《赛马》的主题音乐，学生一下子就兴奋起来，纷纷和着音乐模仿骑手骑马的动作。在这个视听结合的过程中，学生在融入情境的同时又了解了蒙古族的风土人情，还初步感受了音乐的主题，可谓是一举三得。

　　又如，人音版二年级上册欣赏曲《海上风暴》，描写培尔·金特在美洲淘金成为百万富翁后乘船回国，在海上遇到风暴袭击时的情景。小学生由于年龄特点大都喜欢欢快、活泼的音乐，但是这部音乐作品的基调是激烈的、恐怖的，学生也不可能去经历海上风暴，想把这节课上好，难度相当大，经过反复的设计和推敲，最后，教师巧妙地利用信息技术设计多媒体课件创境激趣，开课导入时播放了一个小视频：漆黑的夜晚电闪雷鸣，一艘大船在惊涛骇浪中剧烈地摇晃，仿佛随时都会葬身大海，音频中的大鼓、定音鼓和低音提琴用震音奏出低沉的音响，进一步烘托了呼啸的狂风和充满恐怖感的电闪雷鸣，听着心惊肉跳，学生看了之后感到非常恐怖、紧张，茫然不知所措，教师扮演船长借势说道："海上风暴并

不可怕，只要你们和船长团结一心，就能战胜海上风暴。学生顿时勇气大增，跃跃欲试。教师的这种做法就像是"乾坤大挪移"，通过多媒体把时间、空间挪移到课堂中，相继营造出风暴来临、风暴靠近、风雨交加、电闪雷鸣、风平浪静的动态情境，在整个过程中，学生受到了强烈的视觉冲击和听觉冲击，身临其境地感受了一场海上风暴，教师把学生成功带入教学情境中，随后把每个乐段的欣赏教学穿插在后续的各个环节当中，整节课学生的注意力高度集中，勇敢地和老师一起完成了一场抗击海上风暴的航海音乐之旅。当课结束时，学生玩得酣畅淋漓，意犹未尽。

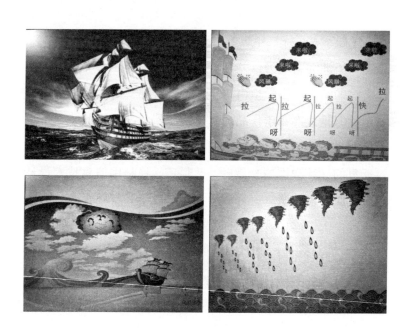

在小学音乐欣赏课教学中活用信息技术创境激趣,将动态的画面赋予音乐性,激活教学,在动态的画面和音乐配合的实践中,视听结合,营造出和谐、热烈的课堂教学氛围,能够极大调动学生的学习积极性;激发他们学习的兴趣和探究知识的良好动机,使音乐形象和音乐要素鲜活地呈现在学生面前。让我们的欣赏教学真正地"活"起来。

(二)用多媒体设计律动,让学生身体"活"起来

自从把信息技术运用到小学音乐欣赏课中后,抽象的音乐变得形象直观,在充分激发学生兴趣的同时,使学生从被动学习转化为主动学习,欣赏课由枯讲、沉寂变得生动、活泼,从而大大地提高课堂教学的效率。音乐是听觉的艺术,在音乐欣赏的过程中,我认为除了聆听,还要通过视觉、联想、动作来理解音乐和表现音乐。"动"是小学生自己对音乐感受和理解的最直接、最喜爱的方式。音乐课不同于语文课,可以通过语言和文字来阐释作品,音乐是抽象的,教师灵活地运用信息技术将抽象的音乐进行形象化处理,用身体律动来感知音乐、表现音乐,同时,对突破欣赏教学中的一些教学难点起到了很好的辅助作用。

利用信息技术手段视听结合、声像一体、形象性强等优势,让学生在感兴趣的同时,身体也"活"起来、通过视听、律动结合的方式对主题旋律理解得非常透彻,记忆得非常清楚,为他们理解音乐形象和情感,加深对音乐作品的印象,准确地识别音乐主题的重复的次数打下坚实的基础。

（三）活用多媒体呈现曲式结构，让音乐知识"活"起来

德国著名作曲家舒曼曾说："除非你了解曲式，否则你永远无法弄懂音乐"，这说明了解曲式结构对于理解音乐作品的真正内涵来说是非常重要的，在小学音乐学科的《新课标》中也明确指出："学习和了解常见的音乐结构（曲式）。"可见，了解乐曲的曲式结构（曲式分析）是欣赏教学必不可少的一个环节。但是，在目前欣赏课教学中，大部分教师侧重于音乐表现要素方面，弱化曲式分析，因为曲式分析在音乐知识这一块是偏理论化的，比较枯燥，讲得不好的话，学生根本听不懂，弄得兴趣全无，教师即便涉及，也是几句话一带而过，以至于学生无法对音乐作品有较深的理解。

笔者曾尝试用多媒体来进行曲式分析的教学环节，获得了非常好的效果，学生也很感兴趣。还是以人音版二年级上册的欣赏曲《森林水车》为例，乐曲的结构是：序奏+A+B+A+C+A+结尾（回旋曲式）。分析这个曲式结构对于低段的小学生来说，是相当复杂的，教师利用多媒体课件来设计这个环节，每讲完一个乐段，ppt 上就会按顺序飞出来一张图片来代表这个乐段，如序奏部分，表现森林的早晨就用太阳来表示，A 乐段（音乐主题）用水车来表示，B 乐段用主奏乐器长笛来表示，C 乐段用主奏乐器小提琴来表示，结尾部分用月亮来表示。点击图片就会出现相对应的音乐。

可以看到，在这张动态的 ppt 上，已经清晰、形象地呈现出整首乐曲的曲式结构，在整个教学过程中，教师没有说一句多余的话，学生已经清楚地知道每个乐段的排列顺序，乐曲主题旋律的次数以及整个乐曲的结构框架。曾经枯燥、死板的音乐知识(曲式分析)瞬间变得"活"起来，生动而形象。

在小学音乐欣赏教学中活用多媒体创境激趣，设计律动、呈现曲式结构，这些方式非常符合小学生的年龄特点，让学生的身心都活跃起来，不由自主地爱上欣赏课，欣赏课也变得活跃起来，孩子们在这种轻松愉悦的学习氛围中，学习音乐，感受音乐，获得了全面的、立体的审美体验和音乐听觉能力。但是，值得注意的是，信息技术也不是万能的，也存在着一些局限性，在教学中不能过分依赖信息技术，削弱教师的指导作用，这样会本末倒置，脱离音乐本体。所以，我们在运用信息技术的时候，一定要根据课堂需要，结合学生的实际情况，一切从实际出发，才能充分发挥信息技术的最大优势，更好地为小学音乐欣赏教学服务。

第三节 音乐听觉思维能力的评价

评价是提高音乐听觉思维能力的重要手段。小学生音乐听觉思维的评价在扎根音乐本体的基础上，基于小学生的年龄特点和心理特点，既不能太专业也不能太浅显。根据《义务教育音乐课程标准》，总结了一套音乐听觉思维能力的评价方案，包括音色感、旋律感、音乐结构、音乐情感、音乐体裁与形式、音乐风格与流派六项内容。

一、音色感

1. 能感受、发现自然界和生活中的各种声音，能够用自己的声音或打击乐器模仿喜欢的音响。

2. 能够听辨人声的音色，并说出各类人声和常见乐器的音色特点。

3. 能够听辨常见打击乐器、中国民族乐器和西洋乐器的音色，并说出其音色特点。

二、旋律感（包括节奏、力度）

1. 能够初步辨别节拍的不同，并对二拍子、三拍子、四拍子的音乐做出相应的体态反应，体验其律动感。

2. 能够听辨旋律的高低、快慢、强弱等音乐要素的变化。能够感知音乐主题。

3. 能够分辨旋律上行、下行、平行和波浪形的进行方式。

三、音乐结构

1. 区分音乐基本段落，并能够运用体态或线条、色彩做出相应的反应。

2. 初步感知音乐的结构，能够简单表述所听音乐不同段落的对比与变化。

3. 能够分辨二段体、三段体、回旋曲式的结构。

四、音乐情感

1. 体验不同情绪的音乐，能够做出相应的体态反应。

2. 听辨不同情绪的音乐，能够作简要描述。

3. 能够体验并简要描述音乐情绪的变化。

五、音乐体裁与形式

1. 能够随着进行曲、舞曲音乐走步、跳舞。

2. 能够随着乐声哼唱短小的音乐主题或主题片段，能够通过律动或打击乐器对所听音乐做出反应。

3. 能够分辨各种音乐体裁与形式，聆听音乐主题并说出曲名。

六、音乐风格与流派

1. 能够分辨进行曲、摇篮曲、舞曲的音乐风格。

2. 能够分辨不同的地区（如南方、北方），不同民族（如彝族、蒙古族、藏族等）的音乐风格。并能作简要表述。

3. 体验以京剧为代表的中国戏曲及曲艺音乐，能够对其音乐风格作简要表述。

音乐是一种特殊的艺术形式。它有着特殊的物质材料——声音；它有着特殊的表达方式——情感；它有着特殊的感受方式——听觉；它还有着特殊的思维方式——音乐思维。听觉思维是音乐思维的基础，在音乐能力的发展中，听觉是首要的，提高学生的音乐听觉思维能力是学习音乐的基础，抓住了音乐听觉思维能力的培养就是抓住了学习音乐的根本。

以下是笔者三篇获奖的欣赏综合课教案，分享给大家。

教案一：

《快乐的罗嗦》（人音版二年级上册）

【设计理念】

根据二年级学生身心发展的规律和审美的心理特征，我在设计本课《快乐的罗嗦》时，首先力图通过创设有意思的故事情境来调动和激发学生的学习兴趣。其次，遵循听觉艺术的感知规律，突出音乐学科的特点，以听赏、律动为主，引导学生有目的地聆听音乐，围绕"听"展开丰富多彩的参与体验活动和师生互动活动。让学生在艺术的氛围中获得审美的愉悦。

【教材分析】

《快乐的罗嗦》是作曲家张式业根据彝族民间舞曲音乐改编而成的弹拨乐合奏曲，这是一首有浓郁民族风格的乐曲，曲调简朴、短小精悍，旋律优美、流畅，带有舞曲性的音乐，给人一种轻松活泼的感觉。乐曲在简短的前奏之后，用彝族人民最喜爱的乐器——月琴，奏出了这段舞曲的主题。乐曲的主题仅有两个乐句，这一主题在高音区重复演奏一遍。接着又在其他调性上反复演奏，变换着力度，给人以新鲜和生动的感觉。中间一段由琵琶演奏出比较抒情的音乐。最后完整地出现了主题音调，音乐速度不断加快，舞蹈的节奏也越来越快，表现了人们的情绪不断高涨，再现了彝族人民轻歌曼舞、歌唱美好生活的欢快热烈的场面。乐曲结构为 A1+A2+A3+B+A4+A5。

【教学目标】

1. 情感目标：欣赏《快乐的罗嗦》，感受乐曲欢快、热烈的情绪，让学生对彝族人民幸福快乐的生活有所认识和感受。

2. 过程与方法：运用律动、歌唱、模拟演奏等方式熟悉主题旋律，在实践活动中感受乐曲欢快热烈的情绪。

3. 知识与技能：引导学生感受乐曲的力度、速度及高低的变化，结合乐曲认识民族弹拨乐器月琴、琵琶；初步了解曲式结构。

【教学重点】

通过舞蹈律动、歌唱、模拟演奏等方式熟悉主题旋律，体会乐曲欢快、热烈的情绪。

【教学难点】

引导学生感受乐曲的力度、速度、高低的变化，提高学生对音乐的表现能力。

【教具准备】

ppt、电子篝火、木柴若干、字母卡片六张。

教学流程	教学内容	教师活动	学生活动	设计意图
一、导入新课	激趣导入	①教师身穿彝族的民族服装导入。 ②播放有关彝族风土人情的微课。 ③把学生分成三组（山下组、山腰组、山上组） 师：既然彝族是一个山地民族，那咱们就取名为山腰组、山上组、山下组，每个组团结起来，好好表现，把这个火堆添满柴火。篝火就会燃烧起来，我们就可以开篝火晚会了！	①学生了解彝族的风土人情。 ②学生观看微课视频。 ③学生了解分组情况。	①师生情感交流。 ②创造良好的课堂气氛，激发学习兴趣。 ③为后续的学习做好铺垫。
二、新作赏析	聆听全曲	①师：孩子们！火把节开始啦！音乐响起来啦！听完后请说一说你从音乐中能感受到怎样的情绪和画面呢？ ②请学生为本乐曲起名。 ③教师揭示课题，解释课题的意思：罗嗦是彝族的语言发音，翻译成汉语就是彝族的意思。 ④学生用快乐柔和的声音齐读曲名。	①学生聆听全曲后回答问题。 ②学生为音乐起名。 ③获知乐曲真名，并理解曲名的意思。 ④学生齐读曲名。 ⑤请积极回答问题的学生为火堆添加木柴。	①安静聆听，感受乐曲欢快、热烈的情绪。 ②揭示课题，理解课题的意思。

	学唱主题旋律	①聆听主题旋律。 ②教师加入创编的歌词范唱主题。 ③学生学唱主题,教师强调声音和情绪的处理。	①学生随琴练习主题旋律的演唱。 ②表现最好的小组请代表为火堆添加木柴。	①通过演唱主题旋律,加深对乐曲主题的记忆。
	介绍月琴	①听辨月琴音色。 ②教师介绍月琴。 ③教师讲解月琴的正确演奏姿势,学生模仿。 ④在教师的指挥下学生合着主题旋律的音乐演奏月琴。 ⑤教师评价。	①学生听音乐回答问题。 ②学生随主题旋律的音乐模仿演奏月琴。	①培养学生对月琴音色的感受和辨别。 ②模仿月琴的演奏姿势。 ③进一步熟悉和记忆主题旋律。
	聆听A1A2A3乐段	①听辨 A1A2A3 这三段主题旋律的不同音区。 师:这个主题旋律实在是太好听了!半山腰、山上、山下这三个寨子的彝族同胞都要演奏他!但是他们演奏的音高是不相同的,你们能听出来吗? ②教师揭晓答案,并按主题旋律音的高低和顺序贴出卡片: 　　　　　A2 A1 　　　　A3 ③再次聆听 A1A2A3,引导学生用动作表现这三段不同音区的主题旋律。	①学生听辨A1A2A3的不同音区。 ②学生听音乐回答问题并和教师一起贴出卡片。 ③三组学生合着音乐用不同的动作表现这三段主题旋律。 ④学生为篝火添加木柴。	①培养学生静静聆听音乐的好习惯。引导学生听辨这三段主题旋律的音区有所不同。 ②通过大山的高低和主题旋律音的高低这种"联觉反应"来听辨主题旋律音区的不同,将乐曲的曲式结构形象地展现出来。

(续表)

聆听B乐段	①出示图形谱,教师随B乐段音乐画出图形谱。
	师:请仔细看、仔细听,听完后说一说,你对哪些地方的印象最深刻?他的力度是强还是弱?
	②师引导学生随音乐划图形谱。
	③认识琵琶,简单介绍琵琶有关知识。
	④总结B乐段,贴出卡片。
	
	          A2
	A1 B
	      A3
		①学生聆听B乐段音乐后,回答问题。
		
		②学生随音乐划图形谱,把力度的强弱表现出来。
		
		③学生为篝火添加木柴。
			①熟悉B段音乐。
			
			②认识琵琶,知道琵琶和月琴的区别。
			
			③渗透乐曲的曲式结构。

聆听A4A5音乐	①聆听A4A5音乐,比较这两段主题旋律速度、力度的不同。
	师:通过咱们的努力,终于来到了4号寨子和5号寨子,他们正在举行舞蹈比赛呢!他们想请你们当评委,这次当评委有点儿特别,需要大家用耳朵来听一听,哪个寨子的舞蹈速度更快,力度更强?
	②学生回答,教师小结。
	师:是啊!5号寨子的音乐速度加快,力度变强,让人感觉5号寨子的舞蹈非常的激动和热烈。
	
	          A2
	A1 B A4 A5
	      A3
	③学习简单的彝族甩手舞的动作,合上A4A5的音乐跳起来。
		①学生聆听音乐后回答问题。
		
		②师生合作贴卡片。
		
		③学生为篝火添加木柴。
		
		④学生学跳彝族的甩手舞。
			①听辨不同速度、力度的两段主题旋律(A4A5)。
			
			②渗透乐曲的曲式结构。
			
			③感受彝族的舞蹈。

(续表)

三、拓展延伸	完整聆听并表演	①教师简单、形象地总结《快乐的罗嗦》的乐曲结构。(A1+A2+A3+B+A4+A5) ②教师课堂小结。渗透德育教育。	①学生围着燃烧起火焰的篝火和着音乐完整表演。	①初步了解全曲的曲式结构。 ②再现表演火把节的欢快场景。

课后反思：《义务教育音乐课程标准（2021版）》指出："兴趣是音乐学习的根本动力和终身喜欢音乐的必要前提。在教学中，要根据学生身心发展规律，以丰富多彩的教学内容和生动活泼的教学形式，激发学生对音乐的兴趣，不断提高音乐素养，丰富精神生活。"

本课授课学生为二年级学生，属于小学阶段的低年级，本课是少数民族彝族的民族器乐曲，离学生的生活实际很远，学生对此很难提起兴趣，为此，我重点体现教学的"灵活性"，从"兴趣"入手，设置情景教学，让学生通过团队的合作为电子篝火不断地添加木柴，最后让篝火熊熊燃烧起来，整堂课运用演唱、模仿乐器演奏、舞蹈、多媒体演示等手段，通过显性的生动、活泼的审美活动，让孩子们在多方的音乐体验后，在快乐中主动学习，在学习中积极探究，去实现隐性的教学目标。

首先，我创设情景，激发情感，把学生带到视频中的彝族去看看，引起学生极大的好奇心，适时引入乐曲的主题旋律、欢快热情的彝族舞蹈，为学生创设音乐审美情境，使学生也不由自主地唱起来、跳起来，师生互动，在情感共振中完成情感渗透，使其初步感悟；中间部分，让学生充分体验，达到情感的交流感悟。多次的音乐欣赏，不同的音乐活动使学生感受、体验乐曲中音乐要素在表现音乐情绪、刻画音乐形象方面的作用，理解音乐内容及意境。每一次聆听都是对乐曲的一次探索，在每次欣赏之前，我适时创设一定的问题情境，促使学生的认知活动得以积极有效地进行，鼓起学生的思考热情，激发学生内在的学习动力。使孩子们在轻松快乐的学习氛围中，融会贯通，解决了本课难点。把深奥、难懂的曲式结构形象地展现在学生面前，让学生对整首乐曲的结构有一个初步的了解。最后的表现音乐，拓展音乐，使学生最大限度地用音乐的形式表达个人的情感并与他人沟通，融洽感情，音乐实践活动中，发展了学生的创新精神和创造能力，使其享受到美的愉悦，情感的陶冶。

　　教案二：

《狮王进行曲》教学设计

课题	《狮王进行曲》	课时	1课时
课型	欣赏综合课	教具	PPT课件、钢琴、头饰
教学内容	欣赏管弦乐《狮王进行曲》		
教学目标	1. 情感态度价值观:在欣赏《狮王进行曲》中感受音乐在描绘"狮王"形态时的妙趣,培养学生热爱小动物、与动物和谐相处的情感。 2. 过程与方法:在聆听、演唱、律动等音乐活动中学习本乐曲,并尝试用线条绘制图形谱来表现自己听到的音乐,将视觉与听觉相结合,培养学生对旋律的记忆能力。 3. 知识与技能:记忆主题旋律,能听辨出乐曲中的主奏乐器,并能用动作表现音乐中狮子威武的形象。		
教材分析	《狮王进行曲》法国作曲家圣桑所作管弦乐组曲《动物狂欢节》中的第一曲。乐曲一开始,便以钢琴的颤音形成森严的森林气氛,接着弦乐与两架钢琴一起奏出逐渐增强的音响,进一步渲染气氛。随后,钢琴用很强的力度奏出音阶式的经过句,引出狮王进行曲。这一进行曲采用的对比性中段的单三部曲式。形象地刻画了威风凛凛的万兽之王形象。		
教学重点	记忆主题旋律,听辨主奏乐器,并用动作表现音乐中狮子威武的形象		
教学难点	初步感知乐曲的结构		

教学流程	教学内容	师生活动	设计意图	教学用具
一、激趣导入	情境导入	创设情境，初步感知主题旋律。 师：今天，狮王将举行森林音乐会。和张老师一起去看看吧！(师分别在高音区和低音区弹奏主题旋律，生听后按节奏模仿动物)	创设情境，激发兴趣。通过游戏的方式初步感知主题旋律。	板书课题
二、感受与体验	完整聆听	聆听全曲。(出示课题) 师：隆重欢迎音乐会的主角狮子王出场，它带来的节目是管弦乐《狮王进行曲》，请仔细聆听，听完后说一说你的感受。	完整感知乐曲	
	学习引子部分	1. 初听引子 师：我们先来聆听第一部分引子，听一听引子部分的力度和速度有什么变化？ 2. 再听引子 师：你们能听出这段音乐是用什么乐器 演奏的吗？ 3. 简介主奏乐器钢琴	感知音乐的引子	板书贴引子
	学习A段	1. 聆听A段音乐，感知力度 师：同学们！狮王来了！狮王来了！我们一起来感受这段音乐的力度。 2. 学唱主题旋律	感知、熟悉主题旋律	板书贴A

二、感受与体验		师:狮子王年纪老了,想拜托大家帮它宣传一下,寻找它的接班人——小狮子王。那咱们学会这首歌帮它宣传一下吧!(师指导生从声音、力度等方面学唱主题旋律) 3.聆听A乐段,辨别主奏乐器 4.微课介绍主奏乐器 5.师:刚才我们听的这段音乐是《狮王进行曲》的A段音乐。(板书贴:A)	学唱主题旋律,记忆主题旋律。边唱边律动感受狮王威武的形象,解决教学重点	
	学习B段	1.聆听B乐段,感知力度 师:同学们,我们都知道,狮子的吼叫声是很有威力的,我们来听一听!谁能模仿一下?来!我们听听这位狮子王的吼叫声有什么特点? 2.听辨主奏乐器 3.师划图形谱 师:这么有意思的吼叫声,张老师可以用图形把它表现出来。 4.生画图形谱 师:跟着张老师一起来合着音乐划一划吧! 5.师:这段狮王吼叫的音乐,我们把它称为B乐段。(板书贴:B)	感受B乐段的旋律特点	板书贴B
	学习A'段	1.聆听A'乐段。 师:接下来,这段音乐你们听出它和我们前面所学的哪段音乐相似呢?		

		2. 对比聆听 A 乐段和 A' 乐段 师:我们把这段音乐称为 A' 乐段(贴板书),与我们的乐 段在旋律上非常相似,可是 他们又有些不同,让我们对 比着听听,找出他们的相同 和不同的地方。 3. 分析总结 A 乐段和 A' 乐 段的相同和不同处	对比聆听两段 音乐,感受两段 音乐的相同点 与不同点	
三、拓展延伸	完整聆听 德育渗透	1. 梳理乐曲结构 2. 完整聆听乐曲并表演 3. 小结:今天,我们学习了由 法国作曲家圣桑创作的管弦 乐《狮王进行曲》,让我们看 到了狮王与小动物在一起和 谐相处,那么我们人类应该 如何对待动物呢? 让我们一 起热爱动物,保护动物,与动 物和谐相处!	德育渗透,培养 学生热爱动物、 保护动物、与动 物和谐相处的 感情	
四、板书		**《狮王进行曲》** 选自法国作曲家圣-桑斯 管弦乐组曲《动物狂欢节》		

教案三：

《大爱无疆》教学设计

课题	《大爱无疆》(人音版五年级下册)	课时	1
课型	欣赏综合课	教具	课件、电子琴
教学内容	欣赏《大爱无疆》(片段)、《爱的奉献》		
教学目标	1. 通过聆听《大爱无疆》(片段)、《爱的奉献》这两首音乐作品,感悟"大爱无疆"的情感。 2. 能听出《大爱无疆》中两段旋律的主奏乐器长笛、双簧管、小提琴,并了解这些乐器的音色。 3. 通过聆听准确感知音乐的情绪,并了解、听辨人声的分类。		
教材分析	《大爱无疆》选自我国著名作曲家关峡为纪念汶川大地震而创作的大型交响合唱《大地安魂曲》的第三乐章。共有四个乐章,是为女高音独唱、女中音独唱、男高音独唱、男中音独唱、合唱队、管风琴和交响乐队而作,配器中还使用了古老的羌族骨笛,并大量运用了羌族音乐的元素。 《爱的奉献》创作于 1988 年,由黄奇石作词,刘诗召谱曲,最早是为中央电视台《人与人》栏目中的一个故事而作。1989 年春节联欢晚会上平解浅显易懂的歌词、舒缓温暖的旋律和高尚大气的主题,以及女歌手韦唯深情动人的演唱,一时传遍全国。		
教学重点	能听出《大爱无疆》中两段旋律的主奏乐器长笛、双簧管、小提琴,并记住这些乐器的不同音色,感悟大爱无疆的情感		
教学难点	能听出《大爱无疆》中两段旋律的主奏乐器长笛、双簧管、小提琴,并记住这些乐器的不同音色,感悟大爱无疆的情感		

教　学　过　程

教学环节	师生活动	学生活动	设计意图
情境导入	(一)了解"汶川地震"的事件背景 (二)情景导入:播放"汶川地震"灾后城市满目疮痍的图片,背景音乐是《大爱无疆》中的"主题1"和"主题2" (三)揭示课题 教师:在地震灾难发生后,我国著名的作曲家关峡赶赴灾区,目睹了这场灾难所造成的巨大苦难和伤痛,同时也感受到面临巨大灾难时人们守望相助、同舟共济、充满真情大爱的感人情感,作曲家感慨万千写下了大型交响合唱《大地安魂曲》,我们今天将欣赏到《大地安魂曲》的第三乐章《大爱无疆》	聆听、观看	把学生带进乐曲所表现的特定情景之中
赏析实践	(一)聆听《大爱无疆》乐队演奏部分 1. 聆听乐队演奏部分的"主题1" 2. 出示"主题1"的主奏乐器长笛的图片,介绍长笛及其音色特点:柔和、细腻、婉转(学生模仿长笛的演奏姿势) 3. 聆听乐队演奏部分的"主题2",学生从音乐速度和情绪上谈谈听后的感受并说说主奏乐器是什么 4. 出示"主题2"的主奏乐器——双簧管和小提琴的图片,介绍双簧管和小提琴及其音色特点(双簧管:响亮、清新;小提琴:音色优美,接近人声,富于歌唱性)	从音乐速度和情绪上谈谈听后的感受并说说主奏乐器是什么 学生从音乐速度和情绪上谈谈听后的感受并说说主奏乐器是什么 学生模仿两种乐器的演奏姿势	感受乐曲描绘的意境让学生了解长笛,记住长笛的音色特点

	5. 复听"主题2" 6. 完整聆听"主题1"和"主题2" (二)聆听合唱部分 1. 教师配乐朗诵两遍合唱部分的歌词。(背景音乐是主题1和主题2)请学生听完后说说感受 2. 教师引导学生轻声地、有感情地配乐朗诵合唱部分的歌词 3. 聆听合唱部分,听辨演唱形式和人声类别 教师:刚才我们深情地配乐朗诵了一首小诗,现在我们来听听,把这首小诗唱出来,会是怎样的感受,请仔细聆听,这首歌曲的演唱形式是什么?歌曲中出现了哪些不同的人声种类? 4. 教师引导学生复习总结人声的分类(板书:人声分类) 5. 复听合唱部分,听辨人声出现的先后顺序(先女声后男声)	学生随旋律的起伏画旋律线 学生随着音乐的节奏,模仿主奏乐器的演奏姿势 学生:深情的、感动的…… 轻声地、有感情地配乐朗诵合唱部分的歌词 听辨人声出现的先后顺序	让学生了解双簧管和小提琴,记住双簧管和小提琴的音色特点 帮助学生理解歌词所表达的主题
表演评价	(三)完整聆听《大爱无疆》 1.完整聆听乐曲(乐队与合唱) 2.请学生谈谈怎样理解这首乐曲的名字"大爱无疆" 3.教师小结:《大爱无疆》这首音乐作品以"大地"命名,采用安魂曲的形式创作,安魂曲又被称作"追思曲""慰灵曲",是用于基督教悼念死者仪式中演唱的合唱套	学生说出乐曲的表现形式谈谈"大爱无疆"的意思	了解安魂曲,感悟"大爱无疆"的情感

(续表)

	曲,这首乐曲表达了对在"汶川大地震"中的逝者最深切的告慰,表达了对人类大爱的寻求和礼赞 大爱无疆是指博大的爱是无限的, 这种博大的爱是以宽容的胸怀去爱所有的人和物, 而且不求回报		
拓展延伸	欣赏歌曲《爱的奉献》 1. 教师:是啊! 大爱无疆,只要人人都献出一点爱,世界将变成美好的人间,有这样一首歌《爱的奉献》唱出了大爱无疆的意义,我们一起来静心聆听,听听这首歌曲分为几个乐段,每个乐段的情绪是怎样的? 2. 引导学生分析歌曲结构 (两段体)和每个乐段的情绪。(第一乐段节奏舒缓沉稳,曲调委婉;第二乐段曲调起伏,情绪激动) 3. 播放有关同舟共济、互助互爱的视频(背景音乐是《爱的奉献》)	学生:抒情、优美地…… 学生:分析歌曲结构 学生可跟随音乐一起唱	通过看视频、跟唱,让学生更深层次地理解"大爱"的情感

第五章

培 | 养 | 音 | 乐 | 的 | 能 | 力

音乐能力(musical ability)也称为音乐智力(musical intellig-ence)是指先天具备以及后天通过学习获得的感知、理解、表现和创编音乐的能力。它包含对音乐的感知和辨别能力、对音乐关系的理解能力、对音乐技能的表现和运用能力。拥有这些音乐能力就好像拥有了打开音乐大门的钥匙，能够在进一步理解音乐增加审美。毕竟音乐不仅是一门学科，而更是一门艺术。

其实，我们每个人天生就具有热爱和探索音乐的本能，只是由于后天的强化和训练，这种自然的感情大多无法继续保持，往往被限制乃至被扼杀。不少教师注意到了培养幼儿音乐能力的重要意义，积极引导幼儿参与音乐活动，力求把活动组织得生动活泼，但仍缺乏对音乐能力的认识，对幼儿的指导也不够到位。

长期以来，在音乐教学中，教师在设计和实施音乐活动时，一直都处于主动地位，并往往把眼光放在基本知识和基本技能的传授上，关注的是"教什么"，而对于发展幼儿的音乐能力，却只能采取"望天收"的策略。幼儿的音乐能力取决于他们学习、生活环境的"音乐性"的程度，有计划的教育工作和环境的刺激与启迪，可以促进幼儿音乐能力的最初发展。有趣的音乐活动能激发幼儿学习的欲望，使其产生积极、愉快的情绪，充分发挥想象。

　　本章介绍的音乐能力主要是识谱技能和音乐创作能力。

第一节　识谱记谱技能教学

一、识谱记谱技能教学的意义

我们的音乐教学一直未能解决学生识谱的问题，结果是经过小学六年的音乐学习仍然不会识谱，甚至经过 12 年中小学的音乐学习，绝大多数的学生还是不会识谱，被称之为"谱盲"。现代化的基础音乐教育已经基本实现普及，要在普及的基础上实现逐步的提高，首先是要求能识谱，因为识谱是歌唱和奏乐的前提。识谱从字面上看是认识曲谱，但因为音乐是声音的艺术，因此我们所说的识谱既包括认识曲谱也包括正确地唱出曲谱，是一种综合的音乐能力。这就要求学生在同时调动眼、脑、耳、口、手等多种感官，不仅要迅速判断出音符的位置、高低、节奏，而且还要能准确地唱出来，这一系列的识谱过程是学生音乐内心听觉、音准感、节奏感、速度感、力度感等多种能力的综合体现。

柯达伊指出："欧洲各民族的生活是唯一的、不间断的、许多世纪以来持续的过渡……从无书面记载的农耕文化，向大城市的书面文化和工业文化的过渡。"乐谱的形成和使用正是这一过渡的体现。如果不能充分掌握乐谱，不能识谱、读(唱)谱和记谱，仍像祖先那样停留于口传心授地模唱，那将是历史的倒退。乐谱的发明和发展是人类音乐和音乐教育进步的前提之一。尤其是器乐的学习，如果不会识谱就不可能进行演奏。我们国家目前的识谱教学存在很大的问题。要么是把识谱当作单纯的知识技能来训练，认识音符、计算时值，就像做数学题似的，可真正运用起来却不知如何是好；要么就干脆把识谱教学放置一边，放在可有可无的位置。在学习歌曲时顺带学习一点识谱的知识，完全是为了识谱而识谱。

乐谱这种符号体系是记录音乐思想、表达音乐思想的工具，**既然**学习音乐，那么就要掌握这个交流音乐思想的工具——乐谱。乐谱中蕴含着音乐无穷的美感，蕴含着音乐的各种要素，无论学生是唱歌、演奏乐器，还是欣赏音乐、音乐创作，就必须以乐谱作媒介，这些给学生提供了感知音乐、记忆音乐、理解音乐、表演音乐、欣赏音乐、创作音乐的条件，同时对培养、发展学生的音乐能力起着积极的作用。必要的识谱记谱技能不仅是学习音乐的工具，还是学生终身独立学习音乐的阶石，对人的一生都有重要的意义，所以，我们一定要重视识谱教学。

二、识谱记谱技能教学的特点

识谱的学习属于心智技能，它是借助音响、语言、符号在头脑里进行的，它必须通过感知、记忆、想象、思维等活动形成印象概念，但只有印象概念是远远不够的，需要化为音乐实践能力，即识谱记谱技能。我们所说的识谱教学，指的是基础教育阶段中小学的识谱教学，是有别于专业院校的专业识谱教学的，是通过音乐实践活动来培养学生的识谱记谱的能力，使之成为学生发展音乐能力的工具。以下是《义务教育音乐课程标准》(2011 版)对识读乐谱的具体要求：

（一）1-2 年级

1. 认识简单的节奏符号，能够用声音、语言、身体动作表现简单的节奏。

2. 能够用唱名模唱简单乐谱。

（二）3-6 年级

1. 结合所学歌曲认识音名、音符、休止符及一些常用的音乐记号。

2. 能够跟随琴声视唱简单乐谱，具有初步的识谱能力。

识谱是一个复杂的心理活动过程。无论识谱中有形的认识活动，还是识谱中无形的心理反应，都需要一个由浅入深、由表及里、由低级向高级的发展过程。因此，在教学中培养学生的识谱能力绝不是一蹴而就的事情。教师只有充分认识、了解了这些特点，在教学过程中做到由个别到全面、由零散到系统、由生疏到熟练，最终培养学生具备相应的识谱能力。

三、对识谱记谱教学的思考

（一）用简谱还是五线谱

识谱教学是个老生常谈的问题，在我国音乐教育界经常争论不休。争论的焦点基本集中在需不需要识谱、怎样进行识谱教学、选用哪种乐谱等问题上。笔者在前面已阐述过识谱的意义及重要性，至于用哪种乐谱进行教学（简谱和五线谱），要视多方面的实际情况来综合考虑。毋庸置疑，五线谱比简谱科学、精确，是教学用谱的发展方向；但也不可否认，简谱比五线谱简明、易读、易写，是适宜于普及音乐的有效工具。两者各有千秋，但又都存在着一定的局限性。就目前我国中小学音乐教育多方面的实际情况来看，简线谱并存的局面在我国还会持续一个相当长的时间。根据笔者的教学经验，如果先学简谱再学五线谱，学生很不适应，经常会把五线谱翻译成简谱，教学效果不尽如人意。笔者建议让学生掌握五线谱后再学简谱，可起到事半功倍的教学效果。

识谱是个长期训练的系统的过程，不能操之过急。为什么学习乐器的学生识谱能力较强？一个很重要的原因就是他们有一个长期识读乐谱的过程。所以，我们的识谱教学要经常化、系统化，笔者认为识谱教学越早进行越好，最好从一年级就开始，经过科学、趣味的识谱教学，让学生在各种音乐实践活动中逐步形成识谱能力。还有一点我们需要明确的是，中小学音乐教育不是专业教育，学生的各项能力发展会呈现个体差异性，在教学中要根据学情分层教学、因材施教。

（二）对常用乐谱的教学思考

纵观古今中外，乐谱有着不同的记载方法，以下几种常用的乐谱供大家了解一下。

1. 简谱

简谱是指一种采用首调唱名法的简易记谱法。有数字简谱和字母简谱两种。数字简谱是用阿拉伯数字"1234567"来表示唱名"do、re、mi、fa、sol、la、ti"，这种记谱法记录单声部的音乐非常方便，也较容易识读。字母简谱在柯达伊音乐教育体系中被普遍采用。是将每个唱名的第一个字母作为整个音节的标记，如 do 记作 d，re 记作 r，依次为 m、f、s、l、t，低八度的音在字母的右下方加一个小"1"如：do1，如果是高八度就在字母的右上方加一个"，"，字母谱的节奏记法借用的是五线谱的节奏记法。教师可以根据不同的情况选择性地使用数字简谱或字母简谱。

简谱产生的年代相对于五线谱来说比较晚，于 16 世纪中叶成型于欧洲，18 世纪经卢梭加工而渐趋完备。20 世纪时经日本传入我国，经过学堂乐歌、三四十年代的抗日救亡歌咏运动的开展，被我国民众普遍接受和采用。简谱得以在中国广泛普及，还有一个很重要的原因，就是简谱的记谱法与中国民间的工尺谱相当接近，但简谱记录音的高低长短比工尺谱更简便、精确，因此，中国人更容易接受简谱。但简谱的缺点就是它对于记录多声部音乐以及转调音乐等非常不便。偏远地区的学校可以从简谱入手进行识谱教学，再根据学情酌情渗透五线谱教学。

2. 五线谱

五线谱是世界上通用的一种记谱法，它的历史比简谱要早很多。五线谱通过在五根等距离的平行横线上标以不同时值的音符及其他记号来记载音乐。据调查，世界90%以上的国家都采用五线谱，是目前运用最广泛的乐谱之一。但由于我国音乐教育长期以来适应了简谱，觉得五线谱深奥难学，因此一直没有推广开来。

五线谱相对于简谱，优势在于视觉上音的高低有着一目了然的显示。比如复杂的和声（在一个位置上有几个音同时出现）很容易识别，视觉上非常清楚。缺点在于除基本谱表的五条线外，上、下方常会出现繁杂的临时加线，谱号的后面及谱中还会有众多的调号或临时升降记号，不同的音组的同一音处于不同的位置，缺乏规律性，初学者使用起来十分困难，需要长期有效的反复练习。

3. 手指谱

手指谱是一种既实用又有趣的识谱方法。可作为学习五线谱的辅助方法。将左手当作五线谱，五根手指就是五条线，手心向脸，在某根手指上指定一个音，让学生按照音程关系进行上下跳进的练习，这可以提高学生首调视唱的能力。也是为学生学习五线谱打下良好的基础。这里有一首记谱儿歌可以更好地帮助学生使用手指谱：张开你左手，就是五线谱，小指是一线，拇指是五线，指缝是四间，从下往上数，五线和四间，一起数一数。

四、识谱记谱技能的教学方法

常规的识谱教学由于缺少合适的方法，枯燥单调，倾向于专业化学习。学生对于音符的认识很抽象，难以理解，逐渐失去对识谱的兴趣。那么，到底什么样的教学方法最适合中小学生呢？首先，识谱教学必须在以审美为核心的基本理念指导下开展，无论在选材、方法训练上，都必须突出审美，注意以兴趣爱好为动力，循序渐进地进行，让学生在快乐学习中掌握识谱记谱技能。学习音乐，兴趣和态度占首要位置，学生一旦对音乐失去了兴趣，实际上，学习识谱的活动就已经停止了。由此可见，从某种意义上讲，音乐兴趣是学生学习识谱的动力，决定着学生学习识谱的成败。其次，识谱是一个实践性很强的教学活动，孤立地进行识谱教学是不可取的，培养学生的识谱能力必须要结合音乐实践活动来实施。即有机地贯穿融合在唱歌、器乐、创作、欣赏等音乐实践活动中，也就是说要先有音乐的音响，要让学生在感受音乐的基础上去识谱，首先建立起来的是声音的形象，然后才是符号。唱歌、器乐、创作、欣赏既是识谱教学的最好范例，也是识谱教学的基本内容，双方是相辅相成、互相发展的。

怎样才能在音乐实践活动中有效地开展识谱教学呢？以下一些方法可供教师参考。

（一）在歌唱活动中培养识谱技能

学生对唱歌的兴趣非常浓厚，唱歌活动中使用乐谱的机会也很多，而且学生可以在没有任何技术障碍的情况下进行学习。学生可以在很放松的状态下学习识谱技能。

1. 图谱教学法

所谓"图谱"，是指利用图像、记号和文字的方式记谱，它不表示某一个具体的音，而是表示构成音乐的旋律走向或动机。音乐教学中运用图谱，可以具体形象地呈示音乐作品的审美要素——旋律、节奏等，更直观地将音乐情感和音乐形象表现出来。这类图谱完全依据歌（乐）曲的旋律走向、音的高低、时值的长短精确地呈现出来，并将学唱中可能存在的问题用各种形式加以突出（如颜色、大小等）。

音乐学习的过程实质上是学习者通过对来自外部环境刺激的信息进行加工后而获得能力的过程。音乐学习是复杂而多样的，也就是说音乐信息输入不是单一的。音乐信息包括：听觉的——如音乐音响和教师语言讲解；视觉的——如乐谱符号、文字、图像和教师的表演示范。图谱教学充分地激发了学生的视觉功效。生动有趣的图形、线条、色彩更形象直观，极大地激发了学生的学习兴趣，帮助学生跨越识谱障碍。

①表示音的高低的图谱

《其多列》

1 = F $\frac{2}{4}$
欢快地

云南哈尼族民歌

《国旗国旗真美丽》

《咏鹅》

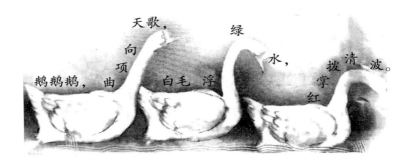

②表示音的时值的图谱

《小蜻蜓》

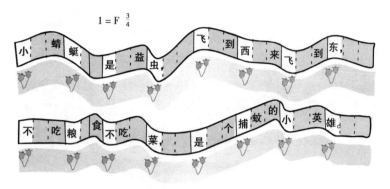

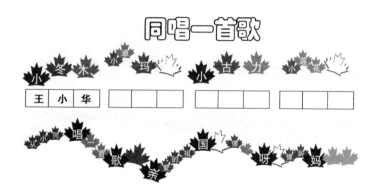

在常规的教学中，教师可在这些图形谱的上方写出旋律音符，用手指着图形谱演唱，唱到哪儿，指到哪儿。采用师生合作的方式演唱，如指定学生演唱"sol"（演唱的同时做出相应的柯尔文手势），其余由教师演唱。由于图形谱较适合基础的识谱教学，笔者不建议长期使用。一旦基础打好了，就进入到下一阶段的识谱学习。

以下列举的是人音版小学音乐教材中出现的图形谱，我们可以看到，教材的编者根据学生的年龄特征，将图形谱出现的频率设计为从低年级到高年级，由多到少。教师可根据教学情况选用，也可自己设计更好的图形谱为识谱教学服务。

一年级（上册）：歌曲《其多列》《跳绳》《国旗国旗真美丽》《同唱一首歌》《咏鹅》《洗手绢》《小青蛙找家》《小蜻蜓》《法国号》《快乐的小笛子》《龙咚锵》《新年好》。

一年级（下册）：歌曲《小雨沙沙》《放牛歌》《可爱的小象》、器乐曲《小象》、歌曲《小宝宝睡着了》《闪烁的小星》《星光恰恰恰》、管弦乐《铁匠波尔卡》。

二年级（上册）：歌曲《彝家娃娃真幸福》《乃哟乃》、歌曲《母鸡叫咯咯》、管弦乐《跳舞的小猫》、歌曲《云》《大海摇篮》。

二年级（下册）：钢琴曲《春之歌》、歌曲《小蜜蜂》、管弦乐《狮王进行曲》。

三年级（上册）：钢琴曲《捉迷藏》、管弦乐《森吉德玛》、吹奏乐《同伴进行曲》、歌曲《母亲教我的歌》、齐唱长笛与乐队《樱花》、管弦乐《维也纳的钟声》。

三年级（下册）：合唱曲《我们走进十月的阳光》、钢琴曲《木偶的步态舞》、手风琴曲《进行曲》、吉他曲《船歌》。

四年级（上册）：小提琴曲《牧歌》、管弦乐《打字机》、弦乐四重奏《小夜曲》、吹奏乐《祝你快乐》。

四年级（下册）：管弦乐《羊肠小道》。

五年级（上册）：管弦乐《晨景》、管弦乐《乘雪橇》。

2. 趣味识谱法

将识谱教学融入有趣的生活情境和游戏之中，让学生在轻松、有趣的氛围中不知不觉地学习识谱，这是进行识谱教学的有效途径。

笔者从一年级的第一节音乐课就开始进行识谱教学。

以简谱为例：

"音乐王国的音符小朋友们欢迎大家的到来！你们看！有两个活泼的小音符跑到了最前面！我们一起来认识一下他们！他们的名字是 3(mi)和 5(sol)……"教师出示了这两个音符之后，带着学生用相应的柯尔文手势练习演唱这两个音。之所以一次性认识两个音，是因为这个年龄段的学生对音高是没有概念的，他们会把音高和力度弄混，如他们认为重音就是高音，弱音就是低音。所以，为了让学生有一个音的高低的对比，尽早建立学生的音高感，在第一次识谱教学中，让学生一次性学习两个音。

认识这两个音后，再结合本节课要学唱的歌曲《你的名字叫什么？》来熟悉、巩固 3(mi)和 5(sol)。如在歌曲中找出 3(mi)和 5(sol)；师生接龙唱谱（生唱 3 和 5 处，师唱其他）。"今天我们认识了这么多的朋友，不仅有同学，还有音符小朋友，真开心啊！"

在后续的教学中，笔者会让学生在其他学唱的歌曲中找出3(mi)和 5(sol)并带着柯尔文手势演唱出来。目的是让学生持续不断地熟悉和巩固 3(mi)和 5(sol)，待学生对此完全熟悉后用上述的方法学习其他的音。

以线谱为例：

铝板琴、木琴之类的音条乐器是很适合于识谱教学的乐器。将学生分成小组，每组的学生面前人手一架铝板琴（或木琴），教师指导学生将"f1"的音条拿掉。这样就可以很方便地敲出"e1"和"g1"这两个音来。

教师带领学生先做徒手练习：单手拍单腿，如"左右左"。反复练几遍后，拿起琴锤来，敲击铝板琴上那个空着的"f1"两旁的音条，便敲出了"e1g1"的音来。再如先用左手连续拍左腿，然后再用左手持锤连续敲击铝板琴就可以发出一连串的"e1"的音来。

教师这时在黑板上把两条腿画出来，记上符号，便成了如下的"二线谱"：

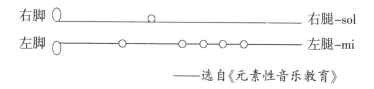

——选自《元素性音乐教育》

在这个基础上，可以进一步学习其他各音"la、re、do"（下加短线）。这样五声音阶就俱全了。在识谱教学刚起步时，就是这样把拍腿、敲击铝板琴上的两个音和"二线谱"自然地结合起来，把动作、演奏、识谱教学贯穿起来，既直观、有趣，又互相加强和巩固。在此基础上再加入三线、四线直至五线的教学，学生就可以毫不费力地学会五线谱的识谱了。当然，这个过程是相当长的，但是一步步进行下来也是非常稳固的。

(二) 在演奏活动中培养识谱技能

在演奏活动中学识谱与在唱歌活动中学识谱有很多相似的地方。但由于乐器有演奏技术上的障碍，因此，比结合唱歌学识谱的难度要高一些。特别值得一提的是，教师很容易将学生的注意力引到演奏技术上，而忽略了识谱。要知道，在乐器演奏活动中，识谱并不是目的，我们只是通过乐器演奏活动来培养学生的一种基本的音乐技能。

在演奏活动中，教师可以运用联觉进行识谱教学，获得良好的教学效果。联觉是一种普遍的心理现象，有效地运用联觉机制，可以帮助学生在识谱的过程中将听觉感受与其他官能及内心情感发生联系，从而帮助学生进行识谱。以竖笛和口风琴的演奏为例，笔者运用的联觉是——视觉、动觉、听觉。即首先从视觉上入手认识单音，然后利用动觉在乐器上找出单音的位置演奏出来，再将单音唱出来，建立听觉印象。认识单音后就可以变换各种节奏型加以熟练巩固。这个过程对学生讲清晰、明了，学生很容易就上手了。单音熟练巩固后就可以以小节为单位进行识谱练习，再根据学情扩展到短小的乐句、乐段的识谱练习。此过程中可采用师生合作、生生合作、小组合作的方式进行，学生对此非常感兴趣。例如学生唱谱，教师演奏；教师唱谱，学生演奏。再如在小组合作中，学生轮流完成不同的任务：指挥、唱谱、演奏。

在演奏活动中的识谱教学中，演奏技巧及识谱问题是可以结合在一起进行教学的。千万不要将其对立起来，要用音乐内容、音乐要素的要求去引导学生解决演奏技巧和识谱问题。我们演奏音乐作品，其实是一个二度创作的过程，是在理解乐谱、恰当使用演奏技巧的基础上去解释和表达作品。乐谱中的一些音乐术语和音乐记号，教师不能简单地告诉学生它们的作用是什么，应该怎样去演奏，而是应该启发学生理解作品的内容，结合情绪情感去分析和演奏。例如《雪绒花》一曲，不能简单地把圆滑线单独拿出来讲解，而是要启发学生想象漫天飞舞的雪花连绵不断、飘飘洒洒，需要用连奏的技法来演奏才能表现出此曲的意境。这样既可以解决识谱问题，又可解决演奏技巧问题。

在熟悉音乐作品之后，很多教师都要求学生背谱，笔者建议平时的演奏训练活动要求学生视谱演奏，需要演出或比赛时再按要求科学背谱。对于学乐器的人来说，背谱是一件非常重要的事。学过乐器的人都知道，很多时候把曲子练熟了，谱子就自然而然地记下来了。但是这里的记和背却是两码事，曲子因为长时间不断地反复练习至非常熟练，自然会背谱演奏出来，这种背谱是盲目的，带有机械性的，如果遇到一些外界的干扰因素，就会影响演奏的连续性和完整性。所以，这种靠乐曲的熟练度机械性背谱的方式是不可取的。著名的德国作曲家舒曼说过："你必须练习，看到纸上的乐谱，就懂得音乐的进行，以及每个音在键盘上的位置。"这种因为视觉的反复练习而背熟谱子，由大脑直接想出音符来是一种很好的背谱方法，我们称之为视觉背谱法。总之，背谱一定要系统的、有计划的背，分小节、分乐句、分乐段，然后再完整背全曲。

（三）在欣赏活动中培养识谱技能

在欣赏活动中学识谱，最常用的方法如下几种。

1. 为乐谱排顺序

让学生聆听音乐之前，将乐谱的顺序打乱，要求学生仔细聆听并按照乐句的顺序予以调整后并演唱出来。笔者在识谱教学中经常使用这个方法，学生很喜欢，参与度也非常高。值得注意的是，一定要从最简单的最基础的简短乐句开始训练。对照乐谱从欣赏两个乐句开始到三个、四个乐句直至小型乐曲。

2. 唱主题、背主题

教师将欣赏曲中旋律性强、节奏鲜明、易演唱易记忆的主题音乐让学生先听后唱。在唱熟之后要求学生背下来。

如器乐合奏曲《快乐的啰嗦》中的主题旋律：

$$\frac{2}{4}\ \underline{5\ 5}\ 3\ |\ \underline{5\ 5}\ 3\ |\ \underline{3\ 5}\ \underline{5\ 1}\ |\ \underline{3\ 3}\ 2\ |\ 1\ 3\ \underline{3\ 2}\ |\ \underline{1\ 2}\ 6\ |\ \underline{6\ 2}\ \underline{1\ 6}\ |\ \underline{1\ 1}\ 6\ \|$$

用多种方式反复聆听熟悉再来演唱，可采用师生接龙唱、生生接龙唱、小组接龙唱，唱熟后背唱，再用填空唱的方式继续练习，如空出某几个小节，请学生先听后填再演唱。

（四）在音乐活动中培养记谱能力

很多小学音乐教师会有这样的疑问："有必要让小学生进行记谱吗？""学生连乐谱都认得不是很清楚，怎么去进行记谱呢？""记谱教学是不是太专业了？"记谱教学在小学的音乐课堂上几乎是看不到的，针对这些问题，我们去认真研读《义务教育音乐课程标准》（2011 版）就能找到答案。在"课程内容"的"创造"板块中对记谱有非常明确、清晰的要求：

1-2 年级：能够运用人声、乐器或其他声音材料，在教师指导下编创 1-2 小节的节奏音型。

3-6 年级：能够在教师指导下，尝试运用图谱或乐谱记录声音和音乐；能够利用教师或教材提供的材料和方法，独立地或与他人合作编创 2-4 小节的节奏或旋律。

试想如果学生不会记谱，他如何进行音乐创作？即便是一个人再有创作灵感，他不能将音乐记录下来，那么创作音乐也就变成空谈。记谱是创作音乐必备的手段，也是识谱的一个组成部分，记谱的过程就是对识谱的一个巩固过程。记谱（节奏谱、旋律谱）是学生听觉思维外化的一种形式，我们要培养学生既会听又会写的全面表述音乐的能力。

柯达伊认为："口头流传的文化传统已经过去了，一个有音乐读写能力的人将比没有这种能力的人掌握更多的音乐文化。"他所说的读、写能力不仅包括识谱，还包括记谱。柯达伊教育体系的哲学思想首要阐述的就是：音乐读写不应该成为一小部分人选择的权力，而应该是所有人都可以去掌握的能力。通过读写使声音从抽象到具体，使学生从单纯的音调模仿学习向借助有符号的自主感受认识表现和创造音乐方面发展。在柯达伊的课堂上大量时间都用于写，从一年级的旋律学习中，柯达伊就已经开始了记谱教学。其原则是：儿童的聆听始终是放在第一位的，教学总是先聆听后记谱或者读谱。

1. 从简单的节奏记谱入手

从一年级开始训练节奏记谱，放慢速度，打好基础，再循序渐进过渡到旋律记谱。音乐课的课时十分有限，如果把记谱训练单独拿出来进行教学既费时又枯燥。应结合教学内容运用多种教学方式进行教学。如在学生掌握了基本的节奏型后，就可运用以下的方式训练学生记谱：学生读节奏教师记谱、教师读节奏学生记谱、学生读节奏学生记谱。再如接龙记谱：教师读节奏，学生分组分小节记谱；还可以玩填空记谱的游戏：空出其中几小节的节奏谱，学生按照教师读出的节奏谱将其补充完整。在节拍方面也要规范记谱，结合学唱的歌曲用律动的方式感受、认识节拍后，规范节拍的记法。从二拍子开始慢慢过渡到三拍子、四拍子。

以下是柯达伊教学法中对节奏听记的训练方法，供大家参考：

学生可以先从听记简单的四拍长度的节奏开始，逐渐加大难度，到三年级末，能够准确地听记十六拍长度的节奏。

在初学阶段，教师先拍一小段节奏，请学生重复拍打并唱出节奏。如：

$\dfrac{2}{4}$ X X ｜ X X X ‖
　　ta ta 　titi ta

教师将两段熟悉的节奏连起来，组成一个八拍长度的节奏听记练习，教师拍打后，请学生重复。练习如下：

$\dfrac{2}{4}$ X X ｜ X X X ｜ X X ｜ X 0 ‖
　　ta ta 　ti ti ta 　ta ta 　ta

刚开始听记十六拍长度的节奏，最好是后八拍简单重复前八拍：

$\dfrac{2}{4}$ X X｜X X X｜X X｜X 0｜X X｜X X X｜X X｜X 0‖
　　ta ta 　titi ta 　ta ta 　ta 　　ta ta 　titi ta 　ta ta 　ta

当学生能够准确地听记之后，教师就可以将后八拍的节奏稍做改变，记住，是仅有一拍的改变：

$\dfrac{2}{4}$ X X 　｜ X X X ｜ X X 　｜ X 0 ｜
　　 X X 　｜ X X X ｜ X X X ｜ X 0 ‖

这一方法可以训练学生将相当长度的节奏归类的能力。学生能口头重复，并且在黑板上表示出来，就足够了。

在以上的教学过程中，教师要耐心的关注学生，发现问题及时解决，对于学生容易出错的地方可变换形式多加训练直至熟练掌握为止。

2. 循序渐进训练旋律记谱

在学生掌握了基本节奏读写后逐渐加入旋律读写的初级

练习，从 sol mi 开始，逐渐到 la do re 各音，熟悉五声音阶的骨干音级。可辅助柯尔文手势、听音、模唱、游戏等交替进行。在音乐读写训练过程中，教师要充分了解分析学情，对不同学情的学生在数量、速度、正确率等方面都要有明确的要求，使得不同程度的学生都能有所收获。切记：在训练记谱的同时，学生对旋律线和乐句的内心听觉也必须得到培养。笔者经常会大量地做这样的练习：在学生学会歌曲后，再让学生边做柯尔文手势边唱旋律，教师指定某几个乐句不唱，只在心里默唱并做柯尔文手势。再如，我们还可以把一些学生熟悉的歌曲的乐句写在卡片上，让学生唱出来并判断乐句出自哪首歌曲。这样的内心听觉的训练对于学生音乐能力的发展非常重要。

训练记谱应限制在学生熟悉的歌曲范围之内，因为学生熟悉歌曲的节奏和旋律的唱名，这样可减少记谱的障碍。基本流程是这样的：复习演唱熟悉的歌曲后，再读节奏、唱唱名，最后把节奏和唱名写下来。有一点需要注意的是，听记的材料可以是主题或者乐句，但不可以是一个小节，旋律的音乐性一定不能忽视。

第二节 音乐创作技能教学

创作教学作为音乐教育的一个部分，旨在培养和发展学生的音乐创作精神和创造能力。目前，很多中小学音乐教师对音乐创作的内涵还存在着比较狭义的理解，认为创作教学就是培养学生作曲，学生年龄太小，知识和能力都达不到作曲的要求，不适合进行作曲教学。日本音乐教育家高荻保治说过："音乐教育中的'音乐创作'并不限于作曲的范围，是以'创造性的各种音乐活动'为主体，通过创造性的音乐活动导入更能激发起学生的兴趣，获得成就感。"从一定意义上讲，音乐的本质是创造性的。音乐的一切活动中都包含着创作的意义。我们常说作曲是一度创作，表演（演唱、演奏）是二度创作，欣赏是三度创作就是这个意思。也就是说，我们要把培养和发展学生的创造能力贯穿在整个音乐教学活动之中。

义务教育《音乐课程标准》（2011 版）对培养学生音乐创造能力有明确的要求："创造是发挥学生想象力和思维潜能的音乐学习领域，是学生进行音乐创作实践和发掘创造性思维能力的过程和手段，对于培养创新人才具有十分重要的意义。音乐创造包括两类学习内容：一是以开发学生潜能为目的的，即兴音乐创编活动；二是运用音乐材料进行音乐创作尝试与练习。

1-2 年级教学阶段即兴编创要求：能够将儿歌、诗词短句用不同的节奏、速度、力度等加以表现；能够在唱歌或聆听音乐时即兴地做动作；能够用课堂乐器或其他声音材料即兴配合音乐故事和音乐游戏。

3-6 年级教学阶段即兴编创要求：能够即兴编创同歌曲情绪一致的律动或舞蹈，并参与表演；能够以各种声音材料及不同的音乐表现形式，即兴编创音乐故事、音乐游戏并参与表演。

1-2 年级教学阶段创作实践要求：能够运用线条、色块、图形，记录感受到的音乐；能够运用人声、乐器或其他声音材料，在教师指导下编创 1-2 小节的节奏音型。

3-6 年级教学阶段创作实践要求：能够在教师指导下，尝试运用图谱或乐谱记录声音和音乐；能够利用教师或教材提供的材料和方法，独立地或与他人合作编创 2-4 小节的节奏或旋律。

一、音乐创作教学应注意的问题

创作教学不是"作曲课"，而是通过音乐创作活动使学生感受到音乐的美，学生会简单的创造美的方法。虽然音乐创作不可避免地会使用一些音乐知识和技能，但教师在教学中不能过于重视知识与技能，把重点放在实际音响和实际感受上，使学生通过音乐创作获得全方位的审美体验。

现在很多学生的学习是被动的，他们只是在机械的记忆中掌握知识，久而久之就失去了自主思维的积极性。音乐创作教学的一大特点就是求异性，这是音乐的特性所决定的。教师在音乐创作教学过程中，要注意培养学生的求异性思维的习惯。鼓励学生积极参与创作，敢于求新、求异、求奇。

创新能力的培养是一个循序渐进的过程，教学上一定要从学生的实际水平出发，要贴近学生的生活，从生活中来，到生活中去，生活中的很多素材都可以成为音乐创作的内容，不过分追求学生的创作成果。我们评价创作教学的主要依据是学生在创作过程中的积极性、创造精神和创造能力的发挥，而不是"作品"的高低。这样才会使学生产生创作的兴趣和愿望。我们的创作教学才能顺利地开展。

学生的音乐创作学习一定要经历一个打基础的准备期。在准备期内，教师帮助学生不断收集和储存音乐资料和信息，积累音乐创作的经验。小学生的音乐创作基本上都是从模仿开始，模仿他们熟知的音乐作品中的音乐要素和表现手段。这种模仿既是学生进行音乐感知的过程，也是进行音乐记忆的过程。在模仿到一定的程度后，就要超越模仿，将收集到的感性材料、音响材料，进行组织加工，确定音乐创作的意图，要传达怎样的思想感情，应选择何种音乐的体裁及表现形式。在这些目标确定下来后，应着重强化情感体验，启发学生充分发挥联想和想象，努力把他们的情感体验化为音响。

二、音乐创作的教学方法

(一) 节奏创作训练

节奏是构成音乐的基本要素，也是表现音乐的重要手段之一。因为它简便易学，所以常作为创作教学的入门内容来学习。节奏的创作训练可以从模拟节奏开始，在学生对节奏的掌握能力稳定后，再进行即兴节奏创作。

1. 模仿节奏

训练学生模仿拍击节奏，为节奏创作训练打下坚实的基础。

例如：（师）$\frac{2}{4}$　X X X X ｜ X X X ‖

　　　（生）$\frac{2}{4}$　X X X X ｜ X X X ‖

2. 模仿、变化节奏

教师拍出一种节奏，由学生在此节奏上加以变化。这种练习可以锻炼学生思维的敏捷性和独创性，并培养学生的求异思维能力。在训练中，要求节奏型逐渐复杂化，拍击的小节数也要逐渐增加。教师根据学生的情况，可适当地提出一些要求，比一比谁创作得好。如：请学生在拍击变化的节奏中，含有一种或两种节奏型（如：附点节奏、前八后十六的节奏等）。

例如：

A：（师）$\frac{2}{4}$　X X　X X ｜ X X　X 　‖

　　（生）$\frac{2}{4}$　X X　X X ｜ X X　X X ‖

B：（师）$\frac{2}{4}$　X　X　｜X X　X　　｜X XX　X X｜X　-　‖

　　（生）$\frac{2}{4}$　X　X X｜X XX　X X　｜X．X　X X｜X X X‖

3. 填充节奏

教师给出一个不完整的节奏谱，由学生补全并做读谱和击拍练习。

例如：

A：$\frac{2}{4}$　X X　X X　｜（　　）｜X X　X　｜X　-　‖

B：$\frac{3}{4}$　X　-　X X　｜（　　）｜X　-　X X　｜（　　）‖

4. 为歌词配节奏

A：$\frac{2}{4}$　X X　X X　｜X　-　｜X X　X X　｜X　-　‖

　　　六一　儿童　　节，　　　我们　真快　　活。

B：$\frac{2}{4}$　X．X　X X　｜X．X　X X　｜X X　X X　｜X X　X　‖

　　　春　天　来　了，花　儿　开　了，手拉　手儿　　去郊　游。

5. 创编节奏

教师在黑板上写下八个数字，在数字下面给出一个节奏型，依据这八个数字进行节奏创编练习。

1	2	3	4	5	6	7	8
X		X	X		X	X	X

每个数字代表的是一个八分音符，八个数字正好是一个四四拍的小节，每拍两个数字。要求学生反复练习该节奏，以该节奏型为问句做问答练习。可以老师做问句，学生逐一回答。再从答句里选出四个节奏型，分别用拍手跺脚等方式练习。

例如：节奏型上的每个数字代表一个四分音符，数字下面的空白处代表一个四分休止符。

1	2	3	4	5	6	7	8
X	X	X		<u>X X</u>		X	
	X		X	X		X	X
	X		X		X	X	
X	<u>X X</u>	X	X		X		

6. 创编节奏回旋曲

教师拍击四小节节奏作为主题 A，另一组学生创编拍击与 A 不同的节奏，作为插部 B，另一组学生再创编一条与 A、B 不同的节奏，作为插部 C。例如：

A：$\frac{2}{4}$ X <u>X X</u> | X <u>X X</u> | <u>X X</u> <u>X X</u> | <u>X X</u> X ‖

B：$\frac{2}{4}$ <u>X X X</u> X | <u>X X X</u> X | <u>X X X X</u> <u>X X</u> | <u>X X X</u> X ‖

C：$\frac{2}{4}$ <u>X X</u> <u>X X</u> | <u>X X</u> <u>X X</u> | <u>X X X X</u> <u>X X X X</u> | <u>X X</u> <u>X X</u> ‖

将这三条节奏按照 A–B–A–C–A 的顺序进行拍击，熟练后视学生的具体情况，插部 B 和 C 部分可以即兴创编变换节奏型再按 A–B–A–C–A 的顺序进行拍击。除了用手拍击还可以用打击乐器拍击练习。这种创编训练不但可以引起学生即兴创作节奏的更大兴趣，而且也为学生以后独立创作回旋曲打下坚实的基础。

（二）旋律创作训练

由于音乐的抽象性，表现形式的约定性，音乐创作直觉、灵感的突然性，因此，作曲被蒙上了一层神秘的色彩。很多教师和家长也认为，只有作曲家作的曲才有价值，孩子们的创作都是过家家的游戏，没有什么价值可言。正因为如此，现在的小学音乐课堂教学对作曲教学很少涉及。

美国音乐教育家雷默在《音乐教育的哲学》中阐述："作曲课的课程价值应该与表演课、听赏课同样重要的地位。"小学音乐创作教学不同于艺术家的艺术创作，小学音乐创作教学是以创造性的各种音乐活动为主体的，是通过音乐创作使学生得到自我表现的机会。学生在探索音乐的过程中，在视、听、唱、奏、思、写、动等教学活动中，通过联想、想象、创造和即兴表演等方式，最后形成一定意义的艺术创造，进而发展创造性思维能力。

无数事实证明，中小学生是具有音乐创作能力的，应该通过教师的引导激发他们创作的兴趣，满足他们的创作欲望，创造条件鼓励引导他们的创作。让他们的音乐创造力像泉水那样喷涌而出。

1. 旋律接龙创编

在旋律的创编训练中，初始阶段应选用简单的一两个音进行。随着学生能力的增强，再加大难度。

（1）先由两个音的单音开始。第一个同学创作唱出一小节，第二个同学以前一个小节的最后一个音为开始音进行创编，以此类推。例如：

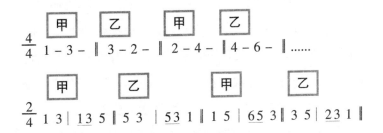

（2）再进行简单的旋律性的接龙。两个人一组，第一个同学按上行创作出一小节旋律，第二个同学按照下行创作。例如：

$\frac{2}{4}$ 甲 乙 甲 乙
1 2 3 | 3 2 1 | 3 5 6 | 6 5 3 | ⋯⋯

2. 旋律加花创编

旋律加花即在不改变主题旋律的前提下加上不同的音。其中，括号里的音是学生创编的。例如：

$\frac{2}{4}$ 1 3 | 5 - | 1(5) 3(5) | 5 - | 或 1(2) 3(4) | 5 - |

3. 为原曲作变奏

变奏即在原旋律的基础上加上一些修饰或者变化原旋律的节拍，使乐曲具有更丰富的表现形式。学生通过对音乐作品进行变奏练习，简简单单的旋律，变换了速度、力度、节奏等，丰富了乐曲的表现力，提高了学生的创造力。例如：以下是学生对《闪烁的小星星》作的变奏：

原曲：

$$\frac{2}{4}\ 1\ 1\ |\ 5\ 5\ |\ 6\ 6\ |\ 5\ -\ |\ 4\ 4\ |\ 3\ 3\ |\ 2\ 2\ |\ 1\ -\ |\ \ldots\ldots$$

变奏一：

$$\frac{3}{4}\ 1\ -\ 1\ |\ 5\ -\ 5\ |\ 6\ -\ 6\ |\ 5\ -\ -\ |\ 4\ -\ 4\ |\ 3\ -\ 3\ |\ 2\ -\ 2\ |\ 1\ -\ -\ |\ \ldots\ldots$$

变奏二：

$$\frac{2}{4}\ 1.\underline{1}\ |\ 5.\underline{5}\ |\ 6.\underline{6}\ |\ 5\ -\ |\ 4.\underline{4}\ |\ 3\ 3\ |\ 2\ 2\ |\ 1\ -\ |\ \ldots\ldots$$

变奏三：

$$\frac{2}{4}\ 1.\underline{\underline{1}}\ \underline{5\ 5}\ |\ \underline{6\ 6}\ \underline{5\ 5}\ |\ 4.\underline{\underline{4}}\ \underline{3\ 3}\ |\ \underline{2\ 2}\ \underline{1\ 1}\ |\ \ldots\ldots$$

4. 用指定的节奏型和基本音创编旋律短句

基本音：1 2 3 5 6；基本节奏：$\underline{X\ X}$ X $\underline{X.\ X}$ X −

学生甲：$\frac{2}{4}\ \underline{1\ 1}\ \underline{2\ 2}\ |\ \underline{3\ 5}\ 6\ |\ \underline{6\ 6}\ \underline{5\ 5}\ |\ \underline{3\ 2}\ 1\ \|$

学生乙：$\frac{2}{4}\ \underline{1.\ 2}\ 3\ 5\ |\ 6\ -\ |\ \underline{6.\ 5}\ \underline{3\ 2}\ |\ 1\ -\ \|$

学生 C：$\frac{2}{4}$ $\underline{5.\,\underline{5}}\,6\,6$ | $\underline{5\,5}\,3$ | $\underline{2\,2}\,\underline{3\,2}$ | $1\ -$ ‖

学生 D：$\frac{2}{4}$ $\underline{3\,3}\,\underline{5\,5}$ | $\underline{6\,6}\,5$ | $\underline{3\,3}\,\underline{2\,3}$ | $\underline{1\,1}\,1$ ‖

5. 调整不合适的旋律创编

这个训练的目的是让学生懂得：旋律创编必须要顾及旋律性（是否好听），必须要通顺流畅，千万不能为了创编而创编胡乱地堆砌音符。例如：学生创编的一条旋律，唱起来既不好听也不流畅。

$\frac{2}{4}$ $1\,3\ \underline{5\,6}$ | $5\,-$ | $\underline{4\,7}\ \underline{5\,7}$ | $7\,-$ | $\underline{7\,6}\ \underline{5\,6}$ | $6\,-$ | $\underline{6\,5}\underline{2\,3}$ | $1\,-$ ‖

上例中红色部分明显很生硬、不好听，教师让学生反复唱，找出不好听的地方让学生修改。学生经过反复修改演唱，尽管调整的结果还是不够理想，但是比原作还是流畅多了。

$\frac{2}{4}$ $1\,3\ \underline{5\,6}$ | $5\,-$ | $\underline{7\,6}\ \underline{5\,6}$ | $7\,-$ | $\underline{7\,6}\ \underline{5\,6}$ | $6\,-$ | $\underline{6\,5}\underline{2\,3}$ | $1\,-$ ‖

6. 创编回旋曲

回旋曲创编的方法同节奏回旋曲创编的方法相似。首先指定主题 A，再由学生创编 B 和 C，形成 A–B–A–C–A 式的回旋曲。例如：

A $\frac{2}{4}$ $\underline{5\,3}\ \underline{1\,3}$ | $\underline{5\,5}\,5$ | $\underline{5\,6}\ \underline{5\,3}$ | $\underline{2\,3}\,3$ ‖

B $\frac{2}{4}$ $\underline{5\,3}\ \underline{1\,3}$ | $\underline{5\,5}\,5$ | $\underline{6\,5}\ \underline{5\,3}$ | $\underline{4\,3}\,2$ ‖

C $\frac{2}{4}$ $\underline{1\,3}\ \underline{5\,5}$ | $\underline{6\,5}\,3$ | $\underline{2\,3}\ \underline{5\,6}$ | $\underline{3\,2}\,1$ ‖

（三）小组曲创编训练

组曲是交响曲五大音乐体裁之一，是由一个多乐章组成的器乐套曲，乐章数量不定，四五个或者七八个，抑或二十几个都有，组曲中每个乐章相对独立，一般以对比原则结合在一起。在目前的音乐概念中，很少使用"小组曲"这个词语。但是在奥尔夫音乐教学中，随处可见小组曲的训练。由于这些曲子乐器编制较小，乐章通常只有两三章，每个乐章的长度也极其短小，所以称之为"小组曲"。

奥尔夫音乐教学法中的小组曲常被用于学习建构完整音乐的过程中。一般情况下，在学习每首小组曲中的小乐曲时，会以奥尔夫音乐教学法建构音乐的方式来进行，即从一个短小的动机出发，逐步添加各种音乐元素，直至其发展成一个完整的音乐作品。就像一粒种子，变成一棵参天大树。通过这样的训练和学习，让学生从学习音乐的初级阶段就能了解音乐作品的构成方式及完整结构的特点，为未来的音乐学习和音乐创作打下良好的基础。

以下是笔者在常规教学中的一些尝试：

1. 目标

（1）学习从一个原始节奏"种子"开始，构建三条小乐曲并组合成小组曲。

（2）初步感受、体验小组曲的建构程序与方法。

2. 准备：铝板琴、口风琴若干

3. 指导

（1）第一条小乐曲的建构。

（2）练习原始节奏"种子"。

$\frac{4}{4}$ X X X X ｜X X X X X ｜X X X X ｜X X X X - ‖

（3）学生创编旋律并加入不同节奏的声势，分组合作边唱边做声势动作。

$\frac{4}{4}$ 5 3 5 3 ｜5 5 6 5 3 ｜2 2 3 2 ｜1 3 2 1 - ‖

$\frac{4}{4}$ X 0 X 0 ｜X 0 X 0 ｜X 0 X 0 ｜X 0 X 0 ‖

$\frac{4}{4}$ 0 X 0 X ｜0 0 0 0 ｜0 X 0 X ｜0 0 0 0 ‖

4. 练习旋律"种子"

学生结合柯尔文手势，用"du"把旋律唱出来。

5. 练习乐器"种子"

将以上旋律用口风琴反复练习至熟练。

6. 练习伴奏的"种子"

请学生用"do"和"sol"这两个音设计伴奏音型。并在铝板琴上练习。如：

（1）先后敲出或同时敲出"do"和"sol"。

（2）先后敲出或同时敲出八度的"do"和"sol"。

（3）敲出带有经过音的旋律音程：1 5 3 5 ｜3 5 1 5 ｜。

（4）设计前奏和尾声：以四分音符为一拍，敲出设计好的两小节作为前奏和尾声。

7. 组合"种子"的演奏

在教师的指挥下，学生按照以下的演奏程序，演奏大家共同创编的这个小乐曲，反复练习至熟练。

两小节的前奏（铝板琴演奏）→两遍主旋律（口风琴演奏，铝板琴伴奏）→两小节尾声（铝板琴演奏）。

分析小结：我们一起对第一条小乐曲的创编过程作一个简要的梳理。首先是创编"种子"；其次是运用"种子"进行演奏；最后是组合各种"种子"完整表演。这样的活动充分体现了奥尔夫音乐教学法建构音乐的方式和过程。运用这样的方式，教师引导学生再进行第二条和第三条小乐曲的建构。当三条小乐曲能够熟练演奏后，教师指挥全体学生按第一条到第三条的顺序完整地、连贯地演奏。

如果对小组曲的构建做一个形象的比喻，那就是从一个节奏"种子"开始，逐步为"种子""添枝加叶"（加入音乐各元素），使之成为"枝繁叶茂的大树"（变成一首完整的小乐曲）。如果运用普通的教学方法来创编小组曲，对小学生来讲是有相当大的难度的，学生会产生极大的畏难情绪，但是采用奥尔夫音乐教学法的"种子"模式来创编、练习和演奏，整个过程就变得简单而有趣，学生会消除对音乐创作的恐惧心理，在轻松愉悦的氛围中进行音乐创作，从而体会到音乐创作和表演的乐趣，同时也促进学生更好地理解音乐、表现音乐，为学生未来的音乐学习和音乐创作打下了良好的基础。

第六章

音 | 乐 | 教 | 学 | 评 | 价

　　教学评价是对教育效果进行的价值判断，它广泛地存在于各种教育实际活动中，是教学工作的一个不可缺少的基本环节。在音乐教学中，它为科学地评价音乐教学质量提供了标准，音乐教学评价对于促进学生发展、教师提高教学水平、课程的建设与发展具有非常重要的意义。教学评价提供了具有诊断、导向、反馈、调节、管理等功能，对教学活动的作用是十分重要的。

　　音乐教学评价不仅仅是单纯地评价音乐教师的优劣，而是通过对教学过程中各个因素的测定、分析和评价，发现音乐教师教学中值得肯定的做法及教学中存在的问题，以保持其合理部分，摒弃其不合理部分，达到优化音乐教学方法和手段、全面提高教学质量的目的。音乐教学评价的目的与标准将直接引导评价对象向标准方向努力。也就是说，评价的内容与标准，提示和引导了评价对象在教与学的过程中做什么，怎么做，促使评价对象在课堂教学操作中，逐步养成一种自觉的行为，达到"自律"的境界。因此，音乐教学评价就像一把"标准尺"，对教育教学的发展起着"定标导航"的作用。

接下来，笔者结合《武汉市东西湖区中小学教学质量形成管理过程小学音乐学科实施细则(试行)》，以下简称"学科细则"，来谈谈音乐评价的具体实施的标准。先简单介绍本区的"小学音乐学科细则"。2014年10月，发布小学音乐学科实施细则(试行)，并开始正式在全区试用；2015年8月，在第一次细则的基础上进行了微调和增补；2018年，再次组织部分中小学骨干教师进行了修缮，10月底，第三次发布，这次调整、修改的幅度较大，重在规范常规教学中教师的"教"和学生的"学"，逐步形成教学质量提升的良性机制，扎实有效提高小学音乐教学质量，学科细则总共分为两大部分：第一部分是小学音乐教师教学常规，第二部分是学生学习常规。

第一节　小学音乐教师教学常规

为了进一步贯彻落实《东西湖区中小学教学质量形成过程管理指导意见(试行)》(东教〔2010〕41号)文件精神,切实加强小学音乐学科教学质量形成过程中教师"教学常规"和学生"学习常规"的管理,逐步形成教学质量提升的良性机制,扎实有效提高小学音乐教学质量,制定了小学音乐学科实施细则(试行)。

教师教学常规管理是教学质量形成过程管理的重要方面,是提高教学有效性的重要保证。

一、教学计划的制定

音乐教学计划的制定是教师有序、有效履行教学工作的前提和基础。

(一) 小学音乐教学计划包括:学期教学计划和教学进度表

学期教学计划内容包括教学目标、学情分析、教材编排结构和教学措施。

教学进度表主要包括周次、课序、课题、总课时、分课时教学内容及课型。

（二）制定计划要做到

1. 学习《音乐课程标准》，了解课程的基本理念，明确课程性质、课程目标、课程内容和实施建议，理解并把握课程标准对每个学段提出的具体要求。

2. 通读教材和教师用书，明确教材的编排体系和特点，特别关注本册教科书内容分布表，熟悉各个领域的教学内容，为合理地制定学期计划和课时计划做好充分的准备。

3. 按东西湖区小学音乐教学计划模板的要求制定学期教学计划，根据教学内容合理分配课时、确定课型，特别是分课时教学内容中要注明每课时的主要教学内容、需掌握的音乐知识及基本技能。

4. 教师应在每学期预备周内完成音乐教学计划的制定，并按制定的计划和进度实施。

二、备课

备课是教师必备的基本功，是课堂教学的一项预先设计，是上好音乐课的基础。再优秀的教师上课之前都会无一例外地要做一番精细的准备工作，有了这个预备过程，才能把课上好。音乐教学的备课一定不是过去传统意义的备课，它不仅仅局限于一个学科教学的单一知识与技能的备课和简单意义上的老师"教"和学生"学"，而是一个在综合教育思想指导下和音乐课程理念导向下的具有整体意义的备课。谈到音乐教学的备课，我们首先要明确的问题是，以什么观念来备课？备课不仅是知识的准备，还有学习能力以及整个教学资源的准备等。

从备课的内容范围看，备课不仅要备教的内容，还要备教师的教法，学生的学习方法以及获得方法等等。从备课的时间范围看，备课不仅是课前备（教学预设），还有课中备（即教学过程中的及时调控）。从备课的对象范围看，不仅要备教师（教师与本课相关的知识技能；教师在课中何时示范为宜；教师示范的程度深浅如何；是完整示范还是局部示范；留给学生自主学习的空间如何保留），还要备学生，学生已有哪些知识技能或经验；学生学习的困难是什么；全班学生的整体水平和个体差异有哪些等等，这都是备课所涉及的问题。

我们知道，教师的教学工作是有计划性的，在正式上课之前，对要进行的教学任务及流程进行详细的计划，有助于工作的顺利进行和教学潜能的充分发挥。制订教学计划必须按学生的特点制订，不能仿制照搬计划，只有自己去试着做，摸索出自己的完整方法，才是最有用的。计划只是一种手段，绝不要为了计划去计划，只要是能达到目的的计划才是有用的计划。所以，我们在备课前应首先明确以下几点理念：目标源于课程标准；目标、教学、评价趋于一致；评价任务设计先于教学过程设计（逆向设计）；从"教什么""怎么教"到关注"为什么这样教""教到什么程度"；全程指向学生（以学生为主体），教学策略要具有实效性等。

（一）教案的主要内容包括

课题、课时、课型、教具、教学内容、教学目标、教材分析、教学重点、教学难点、教学过程（教学流程、教学内容、师生活动、设计意图、教学用具及设计调整）、板书设计及教学反思。

（二）备课前应做到

1. 备教材：仔细阅读教材中每课的编写意图、教学目标、教学内容、作品分析及教学建议，掌握教学内容必须达到的最基本要求；了解作品背景、曲式结构、反复聆听熟悉音乐作品；规范有感情地唱（奏）歌曲，根据歌曲的风格特点选择伴奏织体，并熟练弹奏教材规定调及相邻调的伴奏。

2. 备教具：备上课所需的各种教学用具，搜集整合与本课相关的影像资料；根据教学需要设计、制作多媒体课件。

3. 备环境：选择优质音响设备和音源，创设适合学生活动的情境和氛围。

4. 备活动：围绕教学目标、重难点，结合本课教学建议中的活动提示，设计适合学生的游戏和实践活动。

（三）编制教案要做到

1. 教学目标的制定一要全面、恰当、具体，学生能力可及；二要指向性明确，可测可评；三要表述规范并把情感态度与价值观置于首位。

2. 重、难点具体、操作性强，以旋律、节奏、音符、音乐记号等特有的音乐形式呈现；设计中突出重点，突破难点，并有解决难点的具体步骤与方法。

3. 教学结构清晰、合理、容量适中，问题和音乐活动的指向性及目的性强；注重教法、学法及师生双边活动的体现。

4. 突出不同课型模式的特点，唱歌教学体现学唱过程和技能技巧的训练；欣赏教学要注重体现聆听的方法和目的；学科综合应以音乐为本，并增强学生对音乐的情感体验。

5. 按音乐学科教案本或中小学音乐教学设计电子模板备课，青年教师要写详案。

6. 实行一课一案和超周备课的制度，杜绝无教案上课现象。

7. 每课教学内容中确定的"教学基本要求"是必须达到的最基本要求，而"教学建议"则是高层面的要求，教师要根据学校教学资源和学生的实际情况，正确把握和创造性地用好教科书。

(四) 编制教案的具体措施

确定了教学理念，备课就有了方向，接着着手提炼教学设计的提纲。思考这节课期望把学生带到哪里？基本素材是什么？怎么组合？教学活动如何设计？教学目标如何达成？重要的是教师如何能清楚地知道学生达到了什么程度？这其实关乎教学内容安排与教学策略的选择。音乐课程标准中的总目标要求学生通过音乐课程的学习和参与丰富多彩的艺术实践活动，探究、发现、领略音乐的艺术魅力，学习并掌握必要的音乐基础知识和基本技能，发展音乐听觉与欣赏、表现等能力形成基本的音乐素养，丰富情感体验。基于此，笔者想谈谈谈自己备课的一些具体的策略和做法。

1. 备教材，备学情

音乐教师应该对所要教的音乐作品进行深入学习和了解，仔细分析音乐作品的审美要素，即在音乐的音高、节奏、速度、力度、旋律构成、情绪色彩、歌词内容与思想情感等方面的特点，抓住音乐的特性才有可能使音乐教学绘声绘色，使作品应有的教育价值与音乐课程的教育价值有机结合，达到音乐教学应有的目的。在备学情方面，教学的对象是学生，教师要走近学生，了解学生，在备课时应考虑学生的知识背景，这主要包括了解学生已经有的知识，如在学习某一知识之前，学生已经掌握了哪些知识，如何引入新知识，在引入新知识之前还需补充哪些知识。还要了解学生的兴趣、需要、思想状况，智力发展水平及学习方法，学习习惯等，以便对教学中以及学生学习中可能遇到的困难和障碍，有个大致的估计，从而有针对性地组织课堂教学。一定要站在学生学习者的角度设计学生感兴趣而又有实际意义的学习方式，引导学生积极主动参与音乐的学习。举例：我以人音版二年级上册第一课《问声好》中的欣赏曲《森林水车》为例，首先我们对教材做一个比较全面的分析，《森林水车》是一首通俗的管弦乐曲，由德国作曲家艾伦贝格所作，是一首著名的描绘性标题乐曲。水车是欧洲农村最常见的大型灌溉工具。曲作者一日到森林游玩，看到水车后萌发了创作欲望即兴写成。乐曲采用回旋曲式，G大调，四二拍，前面有一个较长的八六拍序奏段落。乐曲的结构是：序奏+A

ＢＡＣＡ+结尾。大家可以看一下，理解这样的乐曲结构对于二年级上学期的孩子来说是相当有难度的，大多数学生对管弦乐曲的喜爱程度不高，尤其是低段的学生；普遍反映说是听不懂，不好听。那么这些情况我们在备课时都是要考虑进去的，通过分析教材，我罗列出几个关键词：水车、管弦乐、描绘性标题乐曲、回旋曲式、主题旋律。分析完教材再来分析学情，低年级音乐教学，教师应该根据学生的年龄特点来把握学生的学习规律和学习心理，在课堂节奏的掌控上应做到动静交替，注意每堂课的容量和学生演唱与聆听的比重，不宜整堂课只演唱或者只聆听和赏析，在聆听乐曲时，加入与音乐相关的活动和律动，以调动学生的学习兴趣。

2. 备教学重难点

每节音乐课都有教学重、难点。一节音乐课的成功与否很大程度上取决于老师对重、难点的准确把握和处理上。音乐课中的唱歌综合课的重、难点大体集中在节拍、节奏、音准、歌词处理、歌曲表现等方面。欣赏综合课的重难点一般都集中在主题旋律的识记、乐曲的结构、风格等等。在确定教学重难点需要注意以下几点：

（1）吃透教材，定准目标，是准确抓住教材的重、难点的前提。

（2）以旧知识为生长点，突破重点和难点，强化感知。

（3）以形式多样的音乐活动突出重点，突破难点。

在分析这首乐曲的主题旋律时我发现：乐曲的主题旋律

在乐曲中出现了三次，但不是连续出现三次，中间会有插部音乐的干扰，加上学生对乐曲的结构不熟悉，所以很难准确地辨别主题旋律在本曲中出现的次数，这在后来的试教中也印证了这个情况，在多次的试讲过程中，95%以上的学生在多次聆听后还是不能准确辨别出主题旋律出现的次数，由此，我们确定了这节课的重难点。

重点：记忆、听辨主题旋律。

难点：①记忆、听辨主题旋律。

②初步了解曲式结构。

3. 备目标

分析了教材、学情，确定了重难点，我们的教学目标就出炉了。

（1）情感态度与价值观：聆听乐曲《森林水车》，感受森林时而宁静时而热闹的景象，启发学生的音乐想象力，感受音乐形象，激发学生对大自然的热爱。

（2）过程与方法：运用聆听、表现、创造、模仿、合作等方法引导学生感受音乐要素所表达的音乐形象，并在实践活动中快乐地学习。

（3）知识与技能：能听辨主题旋律并表现音乐，听辨乐曲速度的变化；认识乐曲中主要的乐器；初步了解乐曲的曲式结构。

4. 备教学主线

教学主线是教师在反复钻研教材的基础上形成的比较成

熟的教学思路。可以这样说,凡是成功的课堂教学必定有一条十分清晰的教学主线,凡是不成功的课堂教学也必定是主线不明或思路混乱。课堂中明晰的教学主线就好比一条精品旅游线。把学生带进一处处风光秀丽的景点,使一堂课显得有条有理、环环相扣,而且重点突出、精彩纷呈。课堂的教学主线一般是以课题内容为核心的,各种教学活动总是围绕这个核心来展开。老师在备课时有了这根教学主线,就要紧紧扣住它、围绕它来设计各种教学环节,层层递进地展开教学活动,最终达到预设的教学目的。举例:《森林水车》的纵向的教学主线就是乐曲的曲式结构:序奏+A B A C A+结尾,整个教学过程就是按照乐曲的曲式结构顺序展开的。《森林水车》的横向的教学主线是设置的一个情境:带孩子们去参加盛大的森林舞会,所有的教学活动就是顺着这条主线展开的。

5. 备教学过程

整个教学过程是由一个个的音乐教学活动组成的,教学活动的设计一定要体现音乐性和发展性。值得关注的主要问题是突出音乐学科特点,抓住教材的核心价值和基本元素设计教师的"教"和"导",教师要亲自"体验"学习过程。教师所设计的音乐教学活动,一定要围绕学生对音乐作品的具体感受,深入体验,大胆表现,相互交流,如果把整个教学过程比喻成一串珍珠项链,教学主线就是项链的线,那么教学活动就是线上的珍珠,在这个结构合理的教学过程中,将本课的教学目标落实在音乐学习活动当中,使音乐课有音乐的味道，有音乐的魅力。

三、课堂教学

课堂教学是音乐教学的基本形式，根据小学教材中教学内容的安排，可分为单一课型和综合课型。小学音乐教学应以综合课型为主，让学生在听、说、唱、动的实践活动中，提高各方面的能力。

（一）小学音乐课应在设施齐全、环境优美的音乐教室进行。

（二）教师要自觉遵守上课时间，做到不迟到、不早退、不拖堂，穿着得体、大方。

（三）注重学生音乐学习习惯的训练与培养，加强安全意识教育。

（四）突出以音乐审美为核心的教学理念并贯穿于音乐教育的全过程，强调音乐的情感体验，领会音乐要素在音乐表现中的作用。

（五）教学环节完整、过程流畅；教学内容和时间安排合理，课堂节奏张弛有度、动静适宜；有作业的练习与反馈。

（六）教学方法灵活多样，指导及时、有效；关注教学重点的落实、体现难点突破的步骤及效果；体现学生的主体性和教学的互动性，引导学生自主、合作、探究学习；面向全体学生，注重个性差异，反馈和评价及时恰当。

（七）遵循听觉艺术的感知规律，突出音乐学科的特点。

欣赏教学：以音乐为本，遵循聆听感知、多听少讲原则；

积极参与体验音乐并能哼唱主题音乐；培养学生良好的聆听音乐的习惯，逐步积累欣赏音乐的经验。

唱歌教学：把有感情地演唱作为教学的核心内容；歌唱技能技巧的训练和歌唱习惯的培养结合演唱实践进行，演唱的比例要大于活动的比例；重视加强合唱教学，培养群体意识及协调、合作能力。

器乐教学：选择易学易奏的课堂教学乐器；充分使用打击乐器，鼓励学生自制打击乐器进行表演；与唱歌、欣赏、创造等教学内容结合，使用乐器为歌曲伴奏、演奏欣赏曲的主题等。

（八）教师专业基本功扎实，范唱（奏）熟练、流畅，富有感染力和表现力，课堂语言规范、生动，音量适度；注重和学生的情感交流，师生关系平等、课堂气氛宽松、和谐、活跃；熟练、合理地运用信息技术设备；板书规范、布局合理。

（九）各环节任务完成好，目标达成度高；课后及时补充和调整教学设计，写好教学反思（不少于课时总数的 50%），教学反思真实有效，具有针对性。

（十）加强教学的计划性，按教案内容上课。

四、编创与活动

学生的创编与活动，是在教师的指导下，由学生独立运用和亲自体验音乐知识、技能的教育过程。因此，它的呈现形式应多样化，更应体现音乐教学的规律，使其具有愉悦性、趣味性和生活性。

（一）小学的创编与活动应穿插在课程内容的各个教学领域中，教师要结合教材合理安排内容，精心设计创编活动，让学生在听说写(辨)、唱(演)、奏(拍)、舞(律动)编创活动中创新精神与创造能力都得到发展。

（二）指导学生当堂完成"编创与活动"及"活页习题"，可增加适量的课外练习作为课堂教学的延伸和补充；通过模唱、律动、听辨、探究、合作等方式，使创编活动既面向全体又生动活泼，又尊重学生个体差异又能发挥学生特长。

（三）小学阶段逐步完成从即兴编创到有意识地创作实践活动；从探索音响到命题音响创作；此外，还应重视师生间的交流，在交流中进一步了解学生掌握"双基"的情况，适时调整教学目标和进度，改进教学方法。

五、听课与评课

听课与评课是教师互相学习、取长补短、提高自身课堂教学能力的重要形式。

（一）小学音乐教师要达到学校规定的听课量，每月听课不少于 3 节，教研组长不少于 4 节。

（二）做好听课前的准备工作，熟悉教材、了解教学设计；在听的过程中要做到仔细听、认真看、多思考，详细记录教学过程、自己的思考、感受和评价；最后进行整理和分析记录。

（三）即听即评、及时反馈，评价要客观、公正，既要提出问题又要充分肯定成绩，听、评教师要相互学习、教学相长，共同提高。

六、教研活动

教研活动是教师提高自身专业素养、提高课堂教学有效性、构建学校教研文化、提升教学质量的有效途径。

（一）重视音乐备课组的建设，达到 3 名及以上音乐教师的学校要单独成立音乐教研组。

（二）坚持按制定的计划开展教研活动，做到"五定"即定制度、定时间、定主题、定人员，定目标，并有详细的过程记载。

（三）每两周一次教研活动，活动的主题要鲜明、扎实、有效。一学期的活动内容不要安排得太多、太杂，提倡开展以小专题为主的研究，做到早谋划、有针对性、有始有终，最后达成共识，形成终结性的结论。组内教师要加强团队协作精神，形成合力共同把工作做好。

（四）按要求积极参加各级教研活动，主动承担教研活动，每位教师每学期打造 1-2 节精品课。

七、活动与辅导

小学生的音乐辅导可分为个别辅导和集体辅导两种形式。

（一）个别辅导

对有良好音乐素质和音乐潜能的学生进行辅导，充分发挥其音乐特长。

对有个别差异学生的辅导，主要是激发学习音乐的兴趣和培养学习习惯。

（二）集体辅导

对学校音乐团（队）和兴趣小组的辅导，一要做到有计划、有人员、有训练内容、有记载；二要形成梯队进行定期的训练和培养。

（三）有条件的学校每年要举办一次艺术周或艺术节，丰富学生的课外音乐活动。

（四）学校应将课外音乐活动纳入学校工作计划，将音乐教师辅导课外活动计入工作量，并在活动场地、设备、经费上予以支持和保障。

八、音乐教学设施

音乐教学设施是完成音乐教学任务的基本保证，是确保音乐教学正常进行，并取得良好教学效果的重要条件。

（一）应按国家制定的各类学校配置标准配齐配足音乐教学设备，为开展课内教学及课外音乐活动提供必要的条件。

（二）配足音乐专用教室，保证所有的学生都能在特定的艺术环境中学习；注重教学环境的美化，保持音乐教室的干净整洁，布置高雅有艺术性；创设良好的听觉环境、视觉环境。

（三）音乐教学设备和音乐专用室要有专人负责管理，加强对器材的保养和维护，钢琴要一年进行一次调律，以延长使用寿命；乐器和学生用书有专用柜存放，并按类别摆放整齐。

九、总结与交流

（一）教师在学期末应及时进行工作总结，主要内容有工作回顾、取得的成绩、存在的问题、改进的措施和今后的打算；每年完成一份高质量的音乐案例、论文或教学反思。

（二）利用多种方式进行研讨和交流，以分享教师们成功的经验和做法，形成浓郁的研讨氛围。

第二节　学生学习常规

　　良好的学习行为与习惯是学生掌握"双基"、领悟学习方法、形成良好情感态度价值观、培养审美力、创造力的重要条件，是保证音乐课堂高效的前提和保障。

一、课堂学习常规与行为

　　（一）准备与本课相关的学具、教材及辅助资料。

　　（二）提前排队进入音乐教室，爱护公共设施，保持音乐室的整洁。

　　（三）对教师的各种特有指令作出快捷准确的反应。

　　（四）课堂学习行为：

　　1. 学习态度：积极主动参与音乐实践活动，情绪饱满、学习兴趣高；听从教师指令，上课积极举手发言，遵守课堂纪律；乐于合作、乐于交流、乐于分享。

　　2. 聆听行为：专注、安静地聆听音乐，关注音乐的风格特点及其音乐的表现要素；能在听中感悟并勇于表达自己的审美体验和独立音乐感受与见解，积累感受与欣赏音乐的经验。

　　3. 歌唱行为：坐姿端正、声音自然、节奏准确、咬字吐字清晰；大胆、自信、有感情地当众进行歌唱和表演；掌握歌唱基本技能；在教师的指导下懂得保护嗓音。

4. 活动行为：随音乐有节奏地律动和表演；能在已有的音乐基础上进行音乐体验、模仿和即兴创编活动。

二、测试与评价

对学生音乐学习测试与终结性评价是音乐课程评价的主要方面，它有利于学生了解自己的进步，增强学习的信心和动力，有利于促进教学的发展。

（一）测试与评价要求

1. 提前两周进行复习与测试，结合本册教科书游戏宫中的活动主题和内容，以游戏的形式引导学生对已积累的音乐经验做一次全面的巩固和复习，建议用三课时完成复习内容，同时为最后的评价或音乐活动做准备。

2. 教师用书对学生的测试与终结性评价提出了教学建议和评估要求，供教师参考。教师应做到精心设计和谋划，将平时的测试、期末复习和终结性评价变成一种参与面广、形式新颖、有针对性又不乏趣味的常规活动进行。

3. 测试与评价的内容以各个教学领域的课程内容为基本依据，全面考查课程内容所涉及的情感态度与价值观、过程与方法、知识与技能方面的目标达成情况。

4. 测试与评价的形式应灵活多样

（1）形成性评价与终结性评价结合，既重视形成性评价又关注终结性评价；

（2）结合"我的音乐表现"对本学期学生在演唱、聆听、知识与技能、编创与活动方面自评、互评及师评；

（3）重在对学生的音乐实践能力的考查上，切忌以单纯的知识性内容的纸笔测试作为考查的主要形式。

5. 以上各种评价既要充分肯定学生的进步和成绩，又要找出学生在学习中的问题和不足，并提出改进的方法，以促进学生的发展。

第三节　教学实践经验

以下是本校的舞蹈社团实践经验，题目是《舞动童心，快乐同行——浅谈"小海星舞蹈社团"的实践经验》，与大家分享。

一、形成背景

美育是培养学生正确的鉴赏美、创造美的能力的教育活动。而舞蹈教育则是美育中最直观、最形象的教育，是学校美育的一个重要组成部分。它通过调动人体的动作、表情、姿态、情感体验等多种生理和心理机能，为孩子们提供和构筑了富于童心、童趣的审美欣赏与审美创造空间，并对孩子们的身体成长、品行素质、自身修养等方面均起着很大的促进作用。它不仅从内容到形式都极为丰富、生动、活泼，而且很符合小学生爱唱、爱跳的心理和生理特点，因此深受学生们的喜爱。

随着新课改的大力推行，人们开始认识到以舞蹈为代表的各类艺术课程对学校美育具有的重要性，基于此，为了全面推进学校美育工作，培养学生的审美情趣，体现我校"童心教育"的育人特色，学校于2002年成立了"小海星舞蹈社团"，这个舞蹈社团距今已经有 16 年的历史了，在这个漫长的过程中，学校音乐教师团队不断地努力、摸索前行，现将开展"小海星舞蹈社团"活动的一些具体做法做如下阐述。

二、具体做法

（一）注重面向全体，激发兴趣

我国素质教育的宗旨是"面向全体学生"。舞蹈教育作为一种重要的素质教育和学校美育，应该让每一个学生都有感受舞蹈独特魅力的权利，而不能让其成为少数舞蹈特长生的"专利"，所以我们认为：舞蹈社团活动的开展应该面向全体学生，坚持普及与提高的原则，在普及的基础上提高。

案例描述：

"小海星舞蹈社团"采取自主申报和选拔进入。在活动初期，我们将训练的重点放在学生肢体动作是否标准的方面，并以此为基础进行了大量的技能练习，导致没有舞蹈基础的学生无法准确掌握舞蹈动作，进而产生了厌烦的心理，以至于后来参加社团的学生寥寥无几。

于是我们静下心来反思，我们创办舞蹈社团的目的是推进和深化素质教育和学校美育，是培养学生的兴趣而不是培养舞蹈家，如果过于重视某个特定的技能目标，就会导致教学瓶颈的出现，学生无法体会到舞蹈的乐趣，舞蹈教学也无法取得应有的效果，这与我们创办"小海星舞蹈社团"的初衷背道而驰。反思之后，我们调整了策略：以面向全体学生，激发学生的兴趣为宗旨。从一年级到三年级，我校每个班每周开设了两次形体课，这个后来发展成为学校的特色校本课程。通过形体课向社团输送人才，我们还把舞蹈教学融入音乐课堂教学中，以学生的学习兴趣为出发点，通过玩游戏这种喜闻乐见的方式，紧紧抓住学生的注意力，引发学生的求知欲，有助于达到理想的舞蹈教学效果。

案例描述：

师：森林里的小动物们邀请你们去参加森林舞会，请准备好，坐上我的火车！（教师用"平踏步"来模仿开火车的动作，学生在原地模仿"平踏步"）

师：火车开动啰！（学生随着音乐的节奏，用"平踏步"走到教师的身后扮演车身）

师：到了！到了！瞧！小鸭和小兔在表演呢！（教师示范"摇摆步"和"蹦跳步"）

师：你们能模仿它们的表演吗？（教师指导学生学习"摇摆步"和"蹦跳步"）

师：小鸭和小兔想邀请舞伴和它们一起表演！（请跳得好的学生上台展示）

正如著名的幼儿教育学家蒙台梭利说过："儿童游戏活动是儿童教育的关键。"她认为只有在儿童游戏活动中音乐、身体、运动三者之间的结合是最容易的，儿童在游戏的过程中学习更能构建轻松愉悦的学习氛围，这极大地提高了儿童学习舞蹈的积极性。少儿舞蹈从另外一个角度来看，就是一种高级形式的游戏。调整了策略之后的"小海星舞蹈社团"一度出现"爆棚"的壮观景象，成为我们学校最受学生欢迎的一个社团。

（二）注重因材施教，循序渐进

当每个普通的孩子进入舞蹈社团进行舞蹈训练时，他们就进入了一个"演变"的过程，这个过程就是我们实施舞蹈教学的过程。从生理特点的角度来看，小学生的肢体的协调能力与对音乐的感知能力较为欠缺，有待提高；从心理特点的角度来看，小学生处于人生的初级阶段，缺乏生活体验，对事物的认知能力还不够，所以，舞蹈社团的教学活动必须尊重学生身心发展的需要，紧密结合小学生的心理特征，制定翔实的教学计划和教学内容，选择合适的、科学的教学方法做到因材施教、循序渐进，力求做到系统化、规范化。

案例描述：

"小海星舞蹈社团"的教师团队编著了一系列的舞蹈教材《舞动童心》，教材根据学生的年龄特点和动作协调的能力，由浅入深，分步教学，遵从先教手、脚再教组合的原则，到了中、高年级增加了地面练习及适当的技巧训练，其目的是有意训练学生肩部、胯部、膝盖的开度，胸腰的软度和力度及脚腕、脚背的力度和灵活性，以锻炼学生身体各部位的肌肉能力和关节的灵活性、柔韧性，提高学生的身体素质。

"小海星舞蹈社团"以小组为单位，每个组6—8名学生，配备一名小组长，每个学生都有自己的舞伴，基本上是以强带弱、以老带新的组合，具体动作遵循由易到难，由分解到组合，精讲多练，由基本动作到串联的原则，对有困难学生放慢速度练习，对胆怯和能力较弱的学生给予不断的鼓励，经过这样循序渐进的训练，孩子们不仅加深了对舞蹈的理解，还大大提高了舞蹈的能力。

（三）注重创新培养，乐于实践

美国的一位儿童舞蹈理论家露德曾指出："舞蹈是儿童生活中不可缺少的一部分，通过舞蹈活动来发展儿童的智力和创造力，而且儿童能在舞蹈中得到乐趣和满足。"

案例描述：

教师和着《草原就是我的家》的音乐跳了一段蒙古族舞蹈的小组合。

师：小骑手在骑马的时候有哪些动作？（教师指导学生学会勒马的动作）谁还能设计一些骑马时的动作，让你的马儿跑得更快？（学生设计出扬马鞭、夹马肚等动作，还有学生在做"扬马鞭"的动作时，喊了一声"嘿"。）

师：蓝蓝的天空大雁飞过，你们能模仿吗？（引导学生体验柔臂的动作）

师：哇！大雁飞的路线真美呀！你们能试试吗？（教师引导学生在柔臂的动作中走出有创意的路线，小组合作创编用柔臂的动作摆出"人"字形。）

在新课标中明确指出：中小学音乐教学目的在于通过音乐丰富学生的形象思维，开发学生的创作潜质。而在舞蹈动作的训练中，不仅需要从节奏、力度、空间等方面去探索它们的变化，更通过其他角度的变化去寻找新的动作，从而达到对现有动作的超越和突破，孩子们通过用身体语言来描述和模仿各种形象的事物和现象，使抽象思维和形象思维交替活动，不仅为舞蹈创作奠定了基础，还培养和提高了学生的想象力和审美创造力。对学生的学习也产生了一定的促进作用，正是有了丰富的想象力和创造力，"小海星舞蹈社团"的孩子们写起作文来妙笔生花，很多孩子在楚才杯作文比赛中获奖，学校每学期评选优秀学生的"百强小海星"的活动中，有超过50%的孩子是我们舞蹈社团的团员。从以上反馈的信息中可以看出孩子们的整体素质得到了很大的提高。

三、取得的成效及思考

通过我们不断的努力和探索，逐渐形成了"小海星舞蹈社团"个性发展的特色。并取得了丰硕的成果：舞蹈《山路十八弯》在全国青少年未来之星文化艺术交流会荣获金奖；舞蹈《春花》在全国"小荷风采"舞蹈大赛荣获金奖；舞蹈《小蚂蚁》在武汉市庆"六一"文艺展演荣获一等奖；舞蹈《书香校园》在武汉市中小学生环境舞蹈大赛荣获一等奖；并与2015年和2017年携舞蹈《草原欢歌》《我最棒》《冰糖葫芦》受邀参加湖北省电视台和武汉教育电视台少儿春晚的演出，通过参与各种比赛和表演活动，使学生的整体素质得到很好的发展，激发了学生的自信心和学习兴趣，培养了他们的审美欣赏和审美创造能力，真正做到了"舞动童心，快乐同行"。同时，也提升了学校的办学品位，打造了学校的艺术教育品牌，为我校开拓具有特色的新的教育模式奠定了基础，有力地推动了学校美育工作的可持续发展。

当然，在取得这些成绩的同时，我们也进行了总结和反思，"小海星舞蹈社团"主要以中国舞为主，在巩固社团取得的成果的基础上，我们准备引进一些其他的舞种，如芭蕾舞、拉丁舞等，通过学习这些舞蹈，引导学生了解、欣赏各种舞蹈的风格特征，表现各种舞蹈的艺术美，进一步拓宽学生的艺术视野。我们坚信，我们能探索出更多的方法和途径，让"小海星舞蹈社团"的建设和发展迈向一个更高的台阶。

我的音乐表现

评价等级：				评价方式		
评价内容	学段	音乐表现参考指标		自评	互评	师评
演唱	低段	能自信的演唱				
	中段	节奏、音高准确并有表情地演唱				
	高段	演唱方法正确歌声自然、优美。				
		把握歌曲的节奏、速度和音准，能有表情地演唱。				
		能有感情地背唱1-2首民歌				
聆听	低段	能专注地聆听音乐				
	中段	能初步感受音乐要素在音乐中的表现力				
	高段	能专注地聆听音乐，用自己喜欢的方式投入地表现音乐				
		能背唱1-2首乐曲的主题旋律				
知识与技能	低段	乐于探索				
	中段	乐于将所学的音乐知识运用于音乐实践				
	高段	能听辨不同类型的音色；听辨旋律的高低、快慢、强弱，感知音乐基本乐段				
		能哼唱熟悉的歌曲和乐曲。				
编创与活动	低段	与他人合作				
	中段	主动参与，积极创造，愉快合作				
	高段	能主动、大方地创编动作，姿势优美、自然，表演效果好。				
		对各种音乐实践活动有兴趣，能大胆、自信地展示自己的才能。				
学生自评（　）星　　同学评价（　）星　　老师评价（　）星　　总评（　）星						
评价等级说明：三项加起来10-15颗星为"耀眼星"，6-9颗星为"活力星"，5颗以下为"潜力星"。						

注：教师可参照此表，根据实际情况灵活使用。

第七章

音 | 乐 | 教 | 师 | 的
专 | 业 | 成 | 长 | 必 | 备

　　在大多数人的印象中，音乐教师的形象是能唱，能跳，能组织文艺演出，热情而活跃。可如果把音乐教师的形象与教育科研联系在一起，好像很难融合在一起。作为音乐教师我也常常困惑：唱好歌，弹好琴，排好节目，上好优质课，教好学生，为什么还要做课题？教育科研为了什么？正是这种种的原因，音乐教师在课题研究、论文写作等方面往往会成为短板。难道理论研究与教学实践真的相距甚远吗？

　　科研能力是教师的基本素质之一，一个有研究力的教师必定是一个充满无限创造的人，音乐教师要根据自己的专长兴趣、区域特点等，探寻教学研究关注点进行深度研究，形成解决问题的策略和方法。这也是教师具备专业能力的必经之路。在此，笔者想以自己的实践探究，谈谈音乐教师为什么要做课题？如何做课题？从而构建课堂教学与课题研究之间的桥梁，帮助音乐教师实现幸福的专业成长。

接下来，笔者对课题研究的基本概况进行介绍：什么是课题研究；课题研究的意义；课题是怎么产生的；课题研究的一般程序；课题研究过程；课题研究方案的内容构成。

第一节　课题研究概述

一、课题研究的概念及意义

课题研究(教育科学研究)是以教育现象和教育问题为对象，运用科学研究的原理和方法，探寻教育活动规律及有效教育途径和方法的一种科学实践活动。教师个人课题是以教师个人为研究主体(谁研究)，以教师在教育教学中需要解决的具体问题为研究对象(研究什么)，以教师个人的专业发展为研究目的(为什么研究)的研究课题。课题的形成是由一个感觉到、意识到的问题经过概括、提炼、转化到确定问题的过程，确定问题意味着该问题已经成为研究者关注的焦点、思考的对象，对问题的探究已经成为研究者的行为和工作。

有些老师认为一线的中小学教师只要把课上好，抓好成绩就行了，根本没必要进行教育科研。还有的教师认为教育科研是大学教授、教育科研专职人员的事，因为他们具有较深的理论功底和科学研究能力，容易看到事物的整体结构和发展脉络，可以由表及里地进行深层次的研究。曾经有一位搞理论研究的大学教授说："他们作为理论工作者缺少丰富的学校教育生活经验，所以很难体察到教育活动中复杂的人际互动和深层的意义建构。"所以，这也是一些专业理论工作者的教育理论专著其理论性、知识性看起来很高深实际上与教育教学实践相距甚远的原因。由于脱离实际，也就很难发挥其应有的指导作用。但是教师参与教育科研是建立在"反思性"的基础上的，我们可以在教学过程中不断反思的态度，发现问题、解决问题。这种"行动研究"的成果是理论与实践高度结合的产物，其中既有通俗易懂的教学理论，又有身体力行的实践体验，其现实性、可操作性要比一般单纯从事理论研究的成果强得多。因此，对教育教学实践的指导作用更为直接、更为有效。我们来看看官方对教育科研的观点和看法。

1979 年，联合国教科文组织指出："在当今，从教师在教育系统中的作用看，教师与科研人员的职责趋向一致。"

苏霍姆林斯基在《给青年校长的一封信》中指出："如果你想让教育工作给教师带来乐趣，使每天上课不致成为一种枯燥单调的义务和程序，那您就要引导每一位教师都走上从事科研这条路。"

由此总结出以下几点：

1. 科研素质是当代教师的基本素质。

2. 科研是当代教师的重要工作方式之一。

3. 科研是当代教师自我修炼的方式之一。

4. 科研能给教师带来乐趣，预防职业倦怠。

5. 科研能促进教师专业发展。

二、课题选题的小策略

很多教师想申报课题，但是不知道具体怎么做，第一步是选择课题。两度获诺贝尔奖的巴丁博士认为："决定一个研究是否取得成效，很重要的一点就是看它所选择的科研课题。"爱因斯坦说过："提出一个问题，往往比解决一个问题更重要。"可见，我们的课题选题是非常重要的。万事开头难，选择了好的课题就等于你的课题成功了一半。这需要我们厘清：自己的问题（即在教学中存在的问题）、单一的问题、具体的问题、有研究价值的问题。

（一）怎样发现值得研究的问题

1. 不迷信权威。对已经有定论的理论持审慎态度，如伽利略。他有一个特点，在读书时就是一个喜欢提问题的学生，哪怕是人们司空见惯、习以为常的一些现象，他也要打破砂锅问到底，弄个一清二楚。所以才有了后来著名的比萨斜塔实验，推翻了持续近 2000 年之久的亚里士多德学说。

2. 转换角度看问题。虽然我们划分了各种学科领域，但人类的知识是一个整体。思考的角度越多，就更有可能遇到好的问题和好的答案。例如于丹、易中天这两位老师，通过转换视角看待及讲述问题，让《论语》《三国》给大家带来了新的思考。

3. 多与人沟通。可以多和你的朋友或同事进行沟通。他们与你的能力相近，但所处领域可能不同，能为你提供完善想法的建议。更重要的是，他们可以给你带来支持和帮助。

当然，能有机会向领域内的专家请教是更好的。

4. 学会使用工具。在寻找研究问题时，要养成追踪科研热点的习惯，了解领域内前沿研究的发展脉络和发展前景。可以通过网络、图书馆和政府科研报告，找到很多解决问题的线索和方法。

5. 多总结反思。寻找研究问题的方法有很多，如果你不及时记录下来，等于在做无用功。就算是很小的不成熟的想法，也需要记录。只有不断总结和反思，才能发现教育教学过程中存在的问题。

（二）选题容易出现的问题

1. 题目过大。如《中国农村义务教育研究》。

2. 题目过小。如《"的"字结构的用法研究》。

3. 题目过老。如《素质教育的内涵研究》。

4. 题目诗化。如《小荷才露尖尖角——农村小学英语音标教学研究》。

5. 题目与研究内容脱节。

6. 题目过长不精炼。

（三）适合教师研究的问题

1. 当前教育的热点问题。

2. 选择教育科研的空白课题。

3. 选择与传统观点不完全一致的课题。

4. 选择有争议性的课题。

5. 选择实践应用性强的课题。

6. 选择大小适宜的课题。

7. 选题既体现时代精神，更凸显本职工作特色。

三、教师个人课题方案的系统设计

（一）教师个人课题方案设计的思路

1. 找到问题（确立研究课题）

2. 分析原因（搜集信息）

3. 制定对策（提出假设）

4. 付诸实践（验证假设）

5. 经验总结（形成研究成果）

（二）课题内容的组成部分

1. 课题名称

2. 问题的提出（课题研究的背景及意义）

3. 课题界定及理论依据（相关核心概念的界定）

4. 国内外相关领域研究现状述评（文献综述）

5. 课题研究的目标、内容（研究重点、拟创新点）

6. 课题研究的对象、方法、步骤

7. 课题研究的条件及预期成果

（三）课题名称的表述

1. 课题名称表述的格式：问题+研究（某学段、某学科、某类问题+研究重点+研究）

举例：《小学低段歌唱音准偏差问题成因及策略研究》

《新城区小学乡土音乐课程资源的开发和利用策略研究》

2. 课题名称表述的语言要求

准确：课题名称要把课题研究的问题、对象交代清楚。

规范：就是所用词语、句型要规范、科学，似是而非的词不能用，口号式、结论式的句型不要用。

简洁：一般不超过 20 个字。

3. 问题的提出（课题研究的背景及意义）

这一部分回答为什么要研究这个课题。一般从课题研究的重要性、紧迫性、针对性、可行性的角度去论述。

（四）课题核心概念的界定

如何界定课题核心概念？

1. 找准关键词

2. 对核心概念的一般解释

3. 对核心概念的特别解释（本课题中的意义）

（五）国内外研究现状述评（文献综述）

1. 文献综述的作用：一方面可以论证本课题研究的地位和价值，另一方面也说明课题研究人员对本课题研究是否有较好把握。

2. 历史背景方面的内容：按时间顺序，简述本课题的来龙去脉，着重说明本课题前人研究过没有，哪些方面已有人做过研究？取得了哪些成果？这些研究成果所表达出来的观点是否一致？如有分歧，那么他们的分歧是什么？存在什么不足，通过历史对比，说明各阶段的研究水平。

3. 现状评述：重点论述当前本课题国内外的研究现状，

着重评述本课题目前存在的争论焦点，比较各种观点的异同，阐述本课题与这些观点的联系及区别，力求表现出自己课题研究的个性、特色或突破点。这一部分的内容应力求精当，力求体现自身研究的价值。

(六) 研究目标和内容（围绕核心概念设置）

1. 研究目标

2. 研究内容

3. 研究方法（文献研究法、调查法、对比实践法、案例描述法、课堂实践法、经验总结法等）

(七) 课题研究的对象、方法及步骤

研究方法是完成研究任务达到研究目标的程序、途径、手段或操作规律，它具体反映"用什么办法做"。在具体的方案设计中，要根据各时段研究内容的不同选择不同的方法，尽可能地写明怎样使用这种方法和用这种方法做什么。

常用的研究方法有：调查研究法、观察法、实验法、文献研究法、经验总结法、个案分析法、行动研究法、比较研究法等。

研究步骤，也就是课题研究在时间和顺序上的安排。研究过程是研究思路的具体化，是指导和统一研究行为的时间表。因此要根据实际情况，认真分解研究任务，明确规定出在什么时间内，用什么方法，完成什么样的研究任务，取得什么样的阶段成果。

（八）课题研究的条件及预期成果

1. 研究条件

制度保障：学校制定了课题管理条例，以激励为杠杆，激活教师研究热情。

经费保障：学校设立了课题研究专项经费，保证研究过程中相关书籍、必要设备的添置及外出学习、开展活动等的经费来源。

专业保障：课题负责人具备与本课题研究相关的专业基础、能力。

2. 预期成果

成果表述的形式有很多，如调查报告、实验报告、研究报告、论文、经验总结、调查量表、测试量表、微机软件、教学设计、录像带等，其中，调查报告、研究报告、论文是课题研究成果最主要的表现形式。

第二节 课题研究开题报告

一、开题报告的概念

开题报告就是当课题经申报批准立项之后，课题负责人在继续深入调查研究和充分掌握资料的基础上为课题研究的具体实施而修订的报请专家论证的课题研究方案，经过专家论证后，课题实施方案更加具体、更加可操作、更加科学。所以，开题报告也被称为课题研究方案或课题论证报告。简言之，开题报告是课题承担者对教育科研课题的一种文字说明材料。

二、开题报告的特点

（一）针对性

开题报告的读者对象是上级主管部门或科研管理部门的管理人员。开题报告要把课题研究的背景、目标、内容、成果形式等写清楚，同时要阐明完成这一研究课题的可行性，这种可行性表现在研究课题所依据的理论是否科学、合理，所采用的研究思路、研究方法是否合适，人员的科研基础是否符合条件。

（二）实用性

一项课题的研究内容应该是有价值的，也就是能改进自己的教育或教学实践，同时可以推动他人的教育或教学的发展与变革，或者能填补空白，开拓新的领域。实用性不仅仅表现在实践层面，还应体现在理论建树与创新，这是科研课题的特殊要求决定的。

（三）竞争性

开题报告的前身是课题评审书（有的上级主管部门还要求附有可以匿名评审的论证报告），具有很强的竞争性，申报课题是为了立项，不是每项课题申报都能获得上级主管部门批准立项，部分课题立项后还能获得研究经费，错失了申报时限，就失去了立项机会。

以下是笔者做的有关乡土音乐课题研究的开题报告，与大家分享。

开题报告

一、课题的名称

《新城区小学乡土音乐课程资源的开发和利用策略研究》

二、课题研究的目的意义和背景

（一）研究此课题是落实"文化自信"的有效途径

习近平总书记指出："我们要坚持道路自信、理论自信、制度自信，最根本的还有一个文化自信。"坚持文化自信就是激发学生对中华优秀传统文化的历史自豪感，习近平总书记在北师大与师生交流时说，不赞成把古代经典诗词和散文从课本中去掉，"去中国化"是很悲哀的，应该把这些经典嵌在学生脑子里，成为中华民族文化的基因。我国的民族音乐是传统文化中不可缺少的重要内容，凝聚着中国人文情操和审美情趣，她记载了悠久的历史，坎坷的命运和顽强不屈的民族气节，这些独具的气质、精神和神韵的基因都隐含在其中，是中华文明血脉传承和延续的重要载体。

教育部颁布的《义务教育音乐课程标准》中指出："应将我国各民族优秀的传统音乐作为音乐教学的重要内容。通过学习，学生熟悉并热爱祖国的音乐文化，增强民族的意识、培养爱国主义情操。"这些对传统音乐教学、传统音乐文化教学提出了明确的观点和建议，阐明了传统音乐教学在小学音乐教育中的必要性和重要性。

(二) 研究此课题是传承与创新民族音乐文化的必然选择

教育部颁布的《义务教育音乐新课程标准》指出："要善于将本地区民族民间音乐资源运用在音乐教学中，使学生从小就受到民族音乐文化的熏陶。"学校的音乐教育作为民族音乐文化传承的重要阵地，中小学加强民族音乐教育的研究是具有根基意义的工作，特别是小学教师对根基的教育应该有一种责任意识，这是我们每位音乐教师义不容辞的责任，也是历史赋予我们的光荣使命。研究此课题意在从了解身边的乡土音乐开始，在学生心中种下传统音乐的种子，使学生从小就对传统音乐产生浓厚的兴趣和感情，了解我国优秀的传统音乐，引导学生正确地去欣赏传统音乐，激发学生热爱祖国传统音乐文化的感情和民族自豪感。

（三）研究此课题也是丰富小学音乐教学内容的有效措施

随着信息时代的到来，电视娱乐、互联网为学生接触多元化的音乐提供了一个自由宽广的平台。流行音乐充斥着学生的视听，我们的孩子虽然长着东方人的脸，但嘴里哼的全是嘻哈和日韩，对"超女""快男"更是如数家珍，这是因为流行音乐以其清新明快的节奏、夸大包装的明星效应占据了青少年的心灵，左右了他们的审美取向。流行音乐的审美过程不需要太多的思考和情感体验，表象的欢快更易于带来感官的刺激，获得精神浅层的愉悦。在这种情况下，我们的本土音乐处于式微状态，我通过问卷、访谈的形式，对本校约2500名学生进行本土音乐的了解情况的抽样调查，结果表明，约90%的学生对本土音乐知之甚少，学习本土音乐的意愿不强，目的不明确，普遍表示本土音乐（民族音乐）"不好听""听不懂""没意思"。这是由于我们的民族音乐"年迈的高龄""与学生生活实际相脱节"等各种因素，正在学生中面临着"生存危机"。

小学生因为生活的环境，所以他们认识我们的民族音乐总是从身边的音乐开始的。其实，我们身边有很多的乡土音乐文化资源，东西湖区是古云梦泽的一部分，地处汉江、汉北河及府环河汇合处，具有码头文化特征，同时也是一个围垦区，具有浓厚的围垦文化，辖区内的居民大多来自孝感、黄冈、黄陂、汉川、蔡甸、江西、河南等地，在这个大家庭中交织着丰富的家乡传统音乐文化。

为此，我确定了课题《新城区小学乡土音乐课程资源的开发和利用策略研究》，意在开发地方乡土音乐课程资源，探索将本地乡土音乐资源融入音乐教学的策略，丰富音乐课程的教学内容，提升学生对本土音乐的兴趣，为学校的民族音乐教学起到一定的补充和完善的作用。

三、核心概念的界定

（一）新城区

新城区是指距离中心城区相对较远的城区，武汉市新城区含蔡甸区、江夏区、汉南区、东西湖区、黄陂区、新洲区，这些城区在历史上又称做远城区或武汉市的郊区、郊县。新城区在人口背景和学校教育方面有如下共同特征：

1. 农村人口和外地移民所占比例大。如东西湖区，新中国成立前夕仅有 3 万余人，1958 年，垦区移民骤增，1959 年人口突破 10 万。从 1988 年开始，改革开放和城市化进程加快，人口迅速增加。至 2014 年 3 月末，全区常住人口达到 50.6 万人，非农业户口只有 8 万左右。

2. 学校间发展极不均衡。如东西湖，全区 50 多所学校，除少数几所中小学学校位于吴家山地区外，其他学校多数位于比较偏远的街道，学生人数少，师资力量薄弱。

3. 教师教学观念相对陈旧，教学方式传统。在第一轮新课程改革中，中心城区教师的教学观念更新、教学方式转变均较快，这样一来，新城区教师观念显得相对陈旧、教学方式显得更加传统，具体表现在新城区骨干教师比例较低、课堂上教师"满堂灌"的现象较普遍。

4. 学生流动性大，学习风气不浓厚，成绩优异学生的比例不大。如东西湖区，形成上述特征的原因有：流动人口比例大；家庭对孩子的教育重视不够；父母外出打工、留守儿童较多。

（二）乡土音乐

又称"地方音乐""本土音乐"，是指具有民间色彩的、原始的、属于一个地方独有的特色音乐的总称，它与当地历史、文化、地理、风俗、习惯等融为一体，具有浓郁的地方色彩和本土特色。乡土音乐是民族音乐文化的一个重要组成部分。本课题中的乡土音乐特指东西湖区的地方音乐。

（三）课程资源

课程资源是指课程要素来源以及实施课程的必要而直接的条件。课程资源的结构包括校内课程资源和校外课程资源。校内课程资源，除了教科书以外，还有教师、学生，师生本身不同的经历、生活经验、学习方式、教学策略都是非常宝贵、非常直接的课程资源。校外课程资源，主要包括校外图书馆、科技馆、博物馆、网络资源、乡土资源、家庭资源等。

（四）策略

是指为了实现某一个目标，预先根据可能出现的问题制定的若干对应的方案，并且，在实现目标的过程中，根据形势的发展和变化来制定出新的方案，或者根据形势的发展和变化来选择相应的方案，最终实现目标。

四、国内外研究现状述评

在中国知网上以"乡土音乐""课程资源""开发和利用"等为关键词，以"全部期刊"为期刊来源进行搜索，选择学科类别为"中小学音乐"，找到 2997 条结果。

（一）国外研究现状

1. 重视本民族音乐文化传承

著名的匈牙利作曲家、音乐教育家柯达伊说："学校的音乐教育应牢固地建立在民族音乐的基础上。""儿童的音乐教育首先应该用更纯洁的、真正的民族民间音乐作为重要材料。"在新世纪的世界教育改革潮流中，民族文化作为培养学生素质的重要组成部分越来越引起各国教育领域的高度重视，寻求本土文化资源成为各国谋求生存、促进发展的基本国策，民族音乐文化传统在这样的背景下也被提到了作为本土文化重要资源的高度。重视本民族音乐文化传承已经成为国际音乐教育发展的重要趋势。如印度很早就规定把民族音乐教育的重点放在中小学教育阶段；匈牙利音乐教育家柯达伊建立了极具匈牙利特色的音乐教育体系，成功地让匈牙利的音乐教育步入世界音乐教育的前列；日本、美国等国家，在他们的中小学音乐教材中，本土音乐所占的比例相当大。由此可见，各国对本国的传统文化都非常重视，都有让学生从小就了解本国优秀传统的意识。

2. 最大程度保留本土特色

与亚洲其他国家以西方音乐为主不同，印度音乐文化的主观选择使印度音乐最大限度地保留了其特色。如印度新德里的一家音乐学校专门为使馆人员子女开设，向学生传授的音乐、舞蹈都是本土的音乐和舞蹈，印度各个邦的学校基础音乐课程也都以本土音乐为主。

（二）国内研究现状

1. 本土音乐传承的重要性和必要性

民族精神是民族的灵魂所在，民族音乐寄托了强烈的民族精神。著名的教育家孔丘先生所说的六艺当中就将"乐"位列第二，他认为："移风易俗，莫善于乐"，并主张"礼乐治天下"。中国音乐学院教授谢嘉幸在《关于当代中国音乐教育的文化思考》中说道，音乐真切记录了一个民族的呻吟、痛苦和欢乐，寄托了一种文化的情感、梦幻与理想，音乐是一个民族情感的血脉，也是一种文化意志的灵魂。同时，谢嘉幸教授在《让每一个学生都会唱自己家乡的歌》中阐释了加强本土音乐文化传承的重要性和必要性。研究者们认为：民族音乐教育是音乐教育的重要组成部分，让中小学生了解、熟悉我们的传统文化是必要的，学习我们的民族音乐是必需的。学校是向青少年传授知识的基地，在中小学加强民族音乐教育对青少年准确的人生观、世界观和爱国主义思想的树立与形成起到重要的作用。

2. 建立完善的音乐教育体系

研究者认为，我国学校音乐教育中，西洋音乐文化的影响占主要地位，我们需要形成以民族音乐为主体的教学体系，制定更加明确具体的音乐教学大纲，以保障民族音乐在学校音乐教育中的地位。应当让广大师生认识到音乐教育中的民族音乐教育不仅是美育，更是德育，应当在优秀民族音乐的熏陶中增强民族自信心、增加民族凝聚力。

3. 开发和利用本土音乐的措施和途径

谢嘉幸教授在《寻找家乡的歌——音乐教育的现代观念之三》中提出：多向精通本土音乐民间艺人取经，到校园外更广阔的地方去学习，并把学习来的优秀民间音乐传授给学生；研究者吉燕丽在《河南中小学地方音乐课程引入本土音乐文化的可行性分析》中指出：通过加强社会基础和师资力量，加强政府部门的监管和鼓励，选编好教材，改善基础设施来实现以曲艺传承为代表的河南本土音乐资源的利用；研究者苏前忠在《关于本土音乐引入中小学音乐课程的若干构想》中建议从有利于全面发展的原则、突出地方特色的原则、加强融合的音乐文化原则出发，提出了本土音乐进入中小学课堂的几种途径。

(三) 国内外研究成果评析

从目前掌握的资料来看，国内外研究者在乡土音乐的研究上取得了一定的成果，研究者着重探讨了本土音乐教育的重要性、开发本土音乐教育的措施和途径。但是，在乡土音乐课程资源的开发和利用研究上还存在着局限性。从研究内容上来看，理论研究比较多，应用研究较少。从研究方法上来看，方法单一，模式陈旧。

五、研究目标和研究内容

(一) 研究目标

开发本地区乡土音乐课程资源，探索将本地乡土音乐资源融入学校音乐教学中的策略，从而使学生熟悉家乡的乡土音乐文化，培养学生对乡土音乐的兴趣和感情。

(二) 研究内容

1. 现状调查

（1）本地乡土音乐资源的现状调查。

（2）本地乡土音乐在教学中的应用情况和需求调查。

2. 本地乡土音乐资源的开发研究

（1）在当地进行采风，记录当地乡土音乐。

（2）对收集的乡土音乐资源进行筛选。

（3）编写乡土音乐资源，作为学生上课的补充教材。

3. 本校乡土音乐课程资源融入音乐教学中的策略研究。

（1）开设专门的乡土音乐校本课程。

（2）将乡土音乐课程资源渗透、融入音乐课的常规教学中。

（3）开设有关乡土音乐的音乐社团。

六、研究方法

（一）调查研究法

我将在课题研究开始时，编制调查问卷，以本区部分音乐教师和本校学生为调查、访谈的对象。

（二）文献研究法

文献研究法将贯穿于整个课题研究过程的始终，我会以"乡土音乐""课程资源""开发和利用"为关键词，阅读相关文献，及时学习、借鉴其中的研究成果。

（三）经验总结法

经验总结法也将贯穿于整个课题研究过程的始终，将本课题的研究和实践得出的经验进行总结，归纳、提炼成研究成果。

（四）行动研究法

首先，查找音乐教学中存在的问题，通过调查研究法来收集这些问题，针对问题制定相应的对策，在教学过程中验证这些对策，然后进行总结、反思。

七、研究步骤

本课题预计研究时间为一年，分以下三个阶段进行。

（一）第一阶段：准备阶段

1. 研究相关文献，探寻理论和实践支撑。

2. 拟定课题实施方案。

（二）第二阶段：实施阶段

1. 设计调查问卷、发放问卷、回收问卷。

2. 在当地进行采风，记录当地乡土音乐。

3. 对收集的乡土音乐资源分类，进行筛选、编写，作为学生上课的补充教材。

4. 开设专门的乡土音乐校本课程。

5. 将乡土音乐课程资源渗透、融入音乐课的常规教学中。

6. 开设有关乡土音乐的音乐社团。

（三）第三阶段：总结阶段

1. 收集数据和成绩，整理各种活动资料。

2. 撰写总结和实验报告。

八、保障措施

（一）制度保障

学校十分重视课题研究工作，对课题所需的物材给予充分的支持和保障，并制定了课题管理条例，以激励为杠杆，激活教师的研究热情。

（二）经费保障

学校设立了课题研究专项经费，保障研究过程中相关书籍、必要设备的添置及外出学习、开展活动等的经费来源。

（三）专业保障

本课题负责人是武汉市音乐学科带头人、区名师培养班成员、武汉市小学音乐中心组优秀成员，所执教的音乐课获得国家级一等奖，音乐论文和案例获得市级一等奖，本人负责的2014年市教育科学"十二五"规划教师个人课题《小学低段歌唱音准偏差问题成因及策略研究》已成功结题。

九、预期成果

1. 调查报告:《东西湖区地方乡土音乐的现状调查》《东西湖区小学乡土音乐融入音乐教学中的现状及需求调查》

2. 研究报告:《新城区小学乡土音乐课程资源的开发和利用策略研究》

3. 教学资源包:《新城区小学乡土音乐课程资源包》

4. 研究论文:《新城区小学乡土音乐课程资源的开发和利用研究文集》

5. 研究案例:《新城区小学乡土音乐课程资源的开发和利用案例集》

6. 作品集:《东西湖区乡土音乐作品集》

十、参考文献

1. 杨立梅.柯达伊音乐教育思想与匈牙利音乐教育.上海:上海教育出版社，2011.

2. 曹理，何工.音乐学习与教学心理.上海:上海音乐出版社, 2000.

3. 施红莲, 施忠. 上海乡土音乐文化. 上海：上海教育出版社, 2011.

4. 杨民康. 中国民歌与乡土社会. 上海：上海音乐出版社, 2008.

5. 杨立梅, 蔡觉民. 达尔克罗兹音乐教育理论与实践. 上海：上海教育出版社, 2011.

后记。

在写这本书的日子里，我一直在思考一些问题：我能告诉我的同行们一点什么？不然的话，我为什么要写这本书？

这些问题一直萦绕在我的心头，在写作的漫长过程中，心中慢慢地有了清晰的答案。我在20余年的音乐教学实践中，积累了一些经验，也有不少教训，我想把这些分享给和我一样在教学一线上奋斗且热爱音乐教学的老师们，以求能给大家一些启发和帮助。

我的音乐教学深受三种音乐教育体系影响，即奥尔夫音乐教育体系、柯达伊音乐教育体系、达尔克罗兹音乐教育体系。如果能正确、深刻地理解和学习这些音乐教育体系，是有"他山之石，可以攻玉"的功能和积极作用的。因此，我汲取了其中的营养，将其融合在自己的音乐教学实践中。当然，由于国情不同，体制不同，我没有盲目地照搬，而是根据目前的教学条件和教学对象的实际情况，以一种开放性的姿态不断探索、付诸实践、创新发展，形成了一套行之有效的音乐教学方法。

整本书有七个章节。第一章"音乐与教育"从音乐的教育力量、音乐教育的目的、学校音乐教育的特征、音乐教育观等方面进行详细阐述，让读者看到音乐与教育内在联系。第二章"唱出优美的歌声"从唱歌教学概述、节奏的学习、音准的学习、歌唱技巧的学习等方面举实例阐述，向读者们介绍了笔者实施唱歌教学的一些行之有效的做法。第三章"奏响美妙的音乐"从器乐教学在音乐教育中的意义、器乐教学需要注意的几个问题、学校基础器乐教学概述、学校特色器乐教学等方面举实例阐述，器乐教学并没有大家想象的那么难，只要找到规律和方法，我们的器乐教学也能够顺利有效的开展。第四章"叫醒音乐的耳朵"从直接欣赏音乐、主动欣赏音乐、音乐听觉思维能力的评价等方面阐述如何根据小学生的特点引导学生欣赏音乐、理解音乐，培养学生的音乐素养。第五章"培养音乐的能力"从识谱记谱技能教学、音乐创作技能教学等方面阐述培养学生这些能力的意义和重要性，以及如何通过有效的手段和途径来培养和提高学生这些方面的能力。第六章"音乐教学评价"用本地区教育行政部门制定的小学音乐教学评价的实施细则来阐述了音乐教学评价的意义和必要性。第七章"音乐教师的专业成长必备"介绍了音乐教师做课题研究的意义、程序和方案内容。

这本书从构思到完成，整个过程断断续续地持续了三年多的时间。在写作的过程中，由于各种比赛、排练的沉重压力，几次中断了本书的写作，在恩师杨玉玲老师（武汉市东西湖区音乐教研员）、胡晓燕老师（武汉市小学音乐教研员）的鼓励、鞭策和指导下，我坚持着把本书编写完成。这两位恩师也是我的学术顾问，本书能够顺利出版得益于她们的言传身教和悉心指导。还要感谢武汉市高尔夫小学的胡迪老师为本书提供的鸣鸠琴的相关资料！在此，向所有关心、支持、帮助我的同志们致以衷心的感谢！

柯达伊说："用好的方法在学校教音乐和唱歌，对孩子而言，是一种享受，而不是折磨，将渴望得到更好的音乐的热忱注入他们的心灵，这个热忱将延续至他们一生。"这句名言也说出了我的心声，"用好的方法在学校教音乐和唱歌"，对我而言，也是一种享受，"将渴望得到更好的音乐的热忱注入他们的心灵，这个热忱将延续至他们一生"。这也是我们每个音乐教育工作者的使命。

由于本人能力及学识所限，本书难免有不足之处，恳请得到各位专家和同仁的批评和指正。

2020 年 12 月 12 日